행복한 나그네 매표소

시인, 장수명

행복한 나그네 매표소
시인, 장수명

지은이 ㅣ 장수명
발행일 ㅣ 초판 1쇄 2007년 1월 11일
발행처 ㅣ 멘토press
발행인 ㅣ 이경숙
출력 ㅣ 앤컴
인쇄·제본 ㅣ 한영문화사
등록번호 ㅣ 201-90-58902 / 등록일 2006년 5월 2일
주소 ㅣ 서울시 중구 충무로 2가 49-11 태광빌딩 302호
전화 ㅣ (02)2272-0907
팩스 ㅣ (02)2272-0974
E-mail ㅣ mentor777@paran.com

ISBN 89-958552-3-1   03180

      978-89-958552-3-2   03180

행복한 나그네 매표소 시인, 장수명

장수명 지음

멘토 press

'행복한 나그네 매표소'

다정한 손글씨가 어울렁더울렁 어깨를 걸고,

노랑색 해님이 눈웃음치며 예쁜 글씨들을 흐뭇해하는 간판.

지붕 아래 맨 처음 눈에 들어오는 어여쁜 간판이

지나는 손님들을 내려다보고 웃는다. 어어? 매표소에 웬 간판?

여기는 아주아주 특별한 색다른 매표소랍니다.

　태양을 바라보는 꽃, 해바라기와 튤립의 꽃 기둥이

　나란히 매표소를 호위하고 시원스레 열린 창,

　투명한 유리장 안으로 다소곳이 진열된 과자봉지들.

　그리고 시와 음악.

　하루 종일 기분 좋은 선율을 흘려주는 커다란 스피커.

　'예쁜 얼굴 보세요' 거울과 소박한 시가 숨쉬는 액자.

게시판을 장식한, 마음에 좋은 글귀를 안고 있는

'3일간의 사랑' 코너.

누구나 이용할 수 있는 조그만 우편함, '마음을 닮은 행복통'.

아침 7시. 사시사철 이 시각이면

나의 '행복한 나그네 매표소' 는 어김없이 잠에서 깨어납니다.

저로 말할 것 같으면 아름다운 음악으로 거리의 아침을 여는

이곳의 주인장, 행복한 나그네 장수명이랍니다.

이 특이한 매표소가 바로 내 일터이자 삶터이지요.

난 아침마다 제일 먼저 매표소의 큰 창을

활짝 열어젖히고 음악을 틀어요.

날마다 오늘은 어떤 음악으로 시작을 할까,

즐거운 고민을 10분쯤 하며 걸어오지요.

그리곤 바로 마음먹은 음악을 내보낸답니다.

좋은 음악이 너무 많아서 자꾸 마음이 바뀌려고 하니까요.

나는 클래식 음악도 좋아하고

팝도 상당히 고전적인 것을 좋아하는 편이지만요,

이때만큼은 경쾌하고 활기찬 음악을 틀려고 한답니다.

왜냐고요? 출근하는 분들을 위해서이기도 하고

한편으로는 아침마다 주변 청소를 하는 나 자신을 위해서예요.

행진곡이나 왈츠도 좋지요. 빠르고 리듬감 있는 음악은

청소를 신나게 할 수 있게 도와주거든요.

고백하자면 청소가 좀 힘든 때도 있답니다. 매표소 앞의 인도에서

저기 오른쪽의 육교 앞까지 쓸려면 한참이걸랑요.

게다가 겨울이면 육교 계단의 눈도 쓸어야지요.

매표소랑 옆의 정류장 유리벽과 의자도 닦고 벤치와 거울도 닦고

할 일이 얼마나 많은데요. 족히 한 시간은 걸린다니까요.

청소를 마칠 때쯤이면 정류장은

출근하는 사람들과 등교하는 학생들로 바빠지지요.

매표소 앞에 중학교가 있고 육교 건너편에도

고등학교가 있거든요. 그래서 나도 덩달아 바빠져요.

한바탕 출근시간이 지나면 그제야 아침을 먹고 잠깐 숨을 돌리지요.

이때는 주로 아주머니나 나이 드신 분들이 지나다닐 때니까

물론 음악도 바꾸어야겠죠?

자주 보는 동네 분들과 인사도 하고 한가하신 분들은

벤치에서 신문도 보고 다리도 쉬고 그러세요.

참, 제가 '앞마당'이라고 부르는 공간을 한번 보실래요?

인도와 그 너머 녹지대가 바로 제 앞마당이에요.

녹지대는 제법 초록이 짙고 소나무랑 왕벚나무, 플라타너스 같은

큰 나무들이 우거져 있어서 얼마나 좋은지 몰라요.

봄부터 시작된 꽃자리는 초록에 지쳐 단풍들고,

함박눈 이불을 덮는, 사계절 아름다운 곳이에요.

녹지대 뒤로는 담장이 있고 그 너머는 아파트지요.

전 이 녹지대의 큰 소나무 밑에 작은 탁자를 놓고

여기서 책도 읽고 시도 쓰고, 친구들도 맞이하고요.

인도 한쪽으로는 파라솔을 쓴 테이블도 펼쳐두고

긴 벤치도 두 개 마련해 뒀어요.

여길 지나는 모든 나그네들이 잠시 머무르며,

숨을 돌리고, 하늘도 쳐다보고 그러길 바라니까요.

사람들이 맘 편히 머물다 나와 눈을 맞추고

함께 웃고 이야길 나누고 그러길 바라니까요.

높은 하늘과 맑은 바람, 친근한 음악, 시와 사람들,

얼마나 아름다운가요!

하나 더. 모든 분께 푸짐하게 선사하는

나만의 서비스가 있답니다. 바로바로 함박웃음요!

누가 그러데요. 내 웃음이 백만 불짜리 미소라나요?

웃는 날 보면 기분이 좋아지고 마음 편해진대요.

또 누구는 참 천진한 웃음이래요.

그래서 내 웃음을 생각하면 늘 자기도 미소가 지어진다구요.

내 웃음이 사람들에게 그런 기분을 선사한다니

얼마나 즐거운지 몰라요.

사람들에게 진솔하려는 내 마음이

아마도 그분들 마음과 꼭 들어맞기 때문이겠죠?

그래서인지 난 친구가 아주 많아요.

매일 오가는 동네 분들은 물론이고

이곳을 좋아해서 일부러 한 정거장씩 걸어다니는 팬도 있구요,

편지나 메일을 보내와 친구가 되기도 하구요.

또 처음 만나는 분도 스스럼 없이 나한테 와서

맘껏 울고 가기도 하지요.

기쁠 때나 슬플 때나 안타까울 때나 괴로울 때나 나와

매표소가 늘 열려 있기 때문인가 봐요.

난 정말 웃기도 잘하고 울기도 잘해요.

남자답지 못하다고 핀잔을 주셔도 할 수 없어요.

사람들과 함께 제 마음결은 현악기의 줄처럼 늘 파동치고 있답니다.

언제나 사람들 속에 있고 싶었던, 어릴 적부터의 간절한 내 열망은

이렇게 새록새록 열매를 맺어가고 있어요.

어쩌면 나는 사람을 그리워할 운명을 타고난 것은 아닐까요?

그래서 하느님이 살짝 열병의 입김을 불어넣으신 것은 아닐까요?

사소하지만 소중한 것들을 진실로 기뻐하고,

마음을 다할 수 있도록 절룩이는 다리와 굳은 한쪽 손을

표식으로 새겨주신 걸까요?

그것이 늘 사람으로 인해 마음 아파도

끝내는 그들을 사랑할 수밖에 없는,

내 운명에 대한 증표가 아닐까요?

소아마비라는 그 증표가 저를 많이 아프게 하고 힘들게 했지요.

외롭고 서럽게도 했고요.

하지만 철든 이후 언제나 그것을 넘어서는

용기와 힘도 같이 주셨다는 것을 알게 되었어요.

무엇보다도 진심으로 저를 사랑하고

마음을 나눠주는 사람들을 함께 주셨지요.

그래서 이제는 그 증표를

하느님이 주신 사랑의 불도장이라고 믿고 있습니다.

그로 인해 삶이 얼마나 풍성해졌는지 몰라요.

참, 그런데 하느님이 내 갈비뼈 한 짝을 빼서

어디다 두셨는지는 아직 알려주시지 않았네요.

그걸 잊지 않으셨으면 좋겠는데요.

쑥스럽지만 이젠 옆구리가 자꾸 시려서

이쯤해서 그만 세트를 맞춰주시면 정말 좋겠어요. 흠흠.

저만의 아주 특별한 웨딩플랜도 다 마련되어 있다구요, 글쎄.

그래서 이제는 내가 꾸리는 가정과 가족에 대해

살뜰한 시를 써보고 싶은데 말이죠.

사람 사는 일에는 언제나 아픔이나 보람, 희망이나 눈물,

사랑이나 분노 이런 것들이 쌍둥이처럼 붙어다니는 것 같아요.

우리가 느끼는 행복이란 게 눈물 없이 알아질 수 있겠어요?

어둠 없이 빛이 있을 수 없는 것처럼 말이에요.

눈치채셨겠지만 매표소를 이렇게 특이하게 꾸민 데에는

그럴 만한 이유가 있지요.

그래요, 난 여전히 사람들 속의 삶을 꿈꾼답니다.

난 사람들과 주고받고 사는 게 정말 좋아요.

눈길도 웃음도 고통도 기쁨도 악수도 나누고 마음도 나누는 것,

그게 바로 삶을 같이 나누는 게 아닌가 싶어요.

그래서 다른 매표소에 있는 맹꽁이 콧구멍만한

반원창을 확 없애고 커다란 창을 냈답니다.

어찌나 속이 시원하던지요.

그리고는 친구들이 나를 부르던

'행복한 나그네' 라는 이름도 물려주고요.

정류장의 매표소 이름으론 그만 아닌가요?

내가 들려드리는 음악이나 부끄러운 자작시도

여러 나그네님들에게 하루 중 잠깐이라도

행복을 전파해주고 싶은 마음에서 우러난 거랍니다.

절망의 터널을 헤매다 이 매표소에서 삶의 희망을 발견한 나,

그리고 그토록 냉랭하던 거리의 사람들이

온화하게 녹은 표정으로 만나

서로 마음을 기대고 따뜻해지기까지, 어떤 사연들이 있었는지

이야기 한번 나눠보실래요?

이제는 내 삶, 내 생활이 된 매표소로 오세요.

경기도 부천의 사랑스런 매표소로요.

누구라도 맥주 한 캔의 정담과, 날마다 서너 명씩 찾아와 있는

내 친구들의 환영을 받으실 거예요.

같이 슬픈 얘기, 아픈 얘기 나눠 덜어주시고

콩알만큼 따끈한 온기를 나눠가세요.

그 콩알 싹트면 시원한 그늘,

따뜻한 이불 되는 큰 나무로 자랄 테니까요.

차 례

꽃바람,

　　눈물바람,

　　　　성　　장　　통

봄

고치집

"넌 완전히 새로운 삶을 시작했구나.
근데 지금 내가 널 잡으면 어떻게 되게?
넌 아마 절름발이 날개를 갖게 될걸?
나처럼 말야. 그러니까 조심해야 돼."

얼굴 위로 알록알록 햇빛 무늬가 춤을 춘다. 나는 앞마당의 나뭇
잎 새로 뚫고 내려오는 봄 햇살 그림자 속에 앉아 행복한 나그네 매
표소를 물끄러미 바라보고 있다. 조금 전 출근길로 북새통을 이루던
흔적은 오간 데 없고 매표소가 한가롭게 대지를 밟고 서 있다. 햇빛
가득한 봄날 따사로운 하늘을 바라보며, 오늘도 매표소 앞으로 등교

하는 아이들과 인사를 나누었다.

"안녕하세요? 매표소 아저씨."

"그래 안녕! 오늘도 공부 열심히 해."

눈부신 봄햇살 아래 플라타너스 어린 이파리들이 빛살과 장난질하고 있었다. 지금 이 순간을 놓칠 수 없어 가까이 다가섰다. 가녀린 플라타너스 연두 잎새 사이에서 맑은 빛이 통통 튀어 일어서고 있었다. 보드라운 그 새끼 잎을 가만 만져보며 작년 가을 떨어지던 낙엽들을 생각해냈다.

'비록, 지금은 떨어져버려 자취를 감추지만 내년 봄이 되면, 새로운 모습으로 다시 나무 곁에 있을 거예요.'

"작년 가을 내게 주고 간 약속을 잊지 않고 찾아왔구나……."

혼자말을 하면서 새삼 앞마당에 드리운 연초록 물결이 고맙게 느껴졌다. 그 야릿한 초록이 내 눈가를 씻겨주며, 이렇게 눈에 보이지 않는 달차근한 봄향기를 매표소로 실어나르고 있다.

몸이 근질대는 반가운 느낌이다. 매표소 앞에 보얗게 피어난 목련은 또 어떠한가. 그만, 은은한 향기를 흩뿌리면서 순결한 꽃잎을 자랑하듯 뽐내고 있는 목련 향기에 취해 고개를 들어 큰 숨을 들이마시고 있었다. 그런데 이때 저 위에 무언가 한들한들 흔들리는 게 포착되었다. 가을낙엽 같은 색깔로 수상쩍게 위장한 저것이 대체 무엇이란 말인가. 가까이 다가가 하늘하늘 들까부는 그것을 자세히 들여다보았다. 순간 나오는 탄성!

"아하, 이것이 바로 고치집이구나! 오잉? 찢어지고 있네? 우와 와!!!"

지금 바로 고치가 나오려는 것이었다. 나도 모르게 혼자 박수치며 환호하는 바람에 팔이 제 멋대로 움찔댔다. 안 그래도 말을 잘 듣지 않는 오른손은 흥분할 때면 더욱 제 맘대로다. 그렇게 많은 곤충을 갖고 놀았어도 아직 번데기가 허물 벗는 것을 본 적이 없다. 아침부터 기대만발이다.

"하, 나 혼자 보기 아까운데. 누구 없나? 이렇게 신기한 일을 다들 보고 싶어할 텐데."

고개를 쭉 뽑아들고 학교 쪽을 탐색하는 레이더망에 덜렁대며 걸어오는 혁이 녀석이 딱 걸렸다. 그래서 혁이와 함께 우리 두 사람은 마른침을 삼키며 등짝 터지는 고치의 고통을 참관하게 됐다.

"고놈 참 희한하다."

용을 쓰는 모습이 어찌나 안타까운지 좀 도와주고 싶은 마음이 굴뚝 같다. 손가락이 절로 꿈틀댄다.

"어후, 형 저거 좀 벌려주면 안 될까요?"

"어라? 혁이 네가 어쩜 그리 내 맘을 잘 아니? 하지만 안 될 말씀이지. 그렇게 하면 쟨 죽어. 제 힘으로 뚫고 나와야지."

혁이도 입이 귀에 걸린 채 두 손을 안타까이 부르쥐고 있다.

"뭐예요 형. 호떡집에 불났어요?"

다가오는 건 주현이다. 나는 또 얼른 주현이를 잡아끌었다.

"주현아, 이거 좀 봐. 너 나비 나오는 거 본 적 있어? 이거 형이 발견했다아!"

"와 정말?"

"멋지지? 그치?"

"멋져요. 진짜 끝내준다."

"야 임마, 조용히 좀 해봐. 애가 태어나는데 그렇게 떠드냐? 예의도 없이."

황당한 핀잔을 주는 건 혁이다.

"그래 맞다. 쉬! 조용히. 얘가 얼마나 힘들겠니?"

나도 맞장구를 쳤다. 우리는 낄낄대다가 짐짓 예의를 차려보며 예쁜 고치에 열중했다.

어느새 어깨 너머로 친구들 몇몇이 더 모여들었다. 경은이도 호기심 만발한 얼굴을 아이들 사이로 디밀었다. 아이들마다 눈매가 초롱해지는 걸 보고 새삼스레 고치를 발견한 일이 퍽 대견했다.

녀석은 갈라진 틈으로 온몸을 젖혀 빠져나오며 발로 고치를 밀어

내고 있었다. 등짝과 몸통 전체가 서서히 나오는데, 먼저 머리와 더
듬이, 다리가 순서대로 모습을 드러냈다. 온몸이 축축한 액체에 흠
뻑 덮여 있었다. 언젠가 TV에서 아기가 태어나는 모습을 본 적 있는
데, 그와 정말 비슷해 보였다. 색깔이 허연 게 날개는 쪼글쪼글 달라
붙어 있어서 아직 나비의 품새가 나지는 않았다.

　한 10분쯤 지났을까? 마지막 꼬리까지 완전히 고치를 벗어난 녀석
은 이제 날개를 펼쳤다. 고무 튜브에 공기가 확 들어가 탱탱하게 살
아나는 것처럼 날개가 활짝 열리는 걸 보니 '아하, 이놈이 바로 배추
흰나비로구나' 하고 인상착의를 한눈에 알아보겠다.

　"우와! 날개 폈어. 이쁘다!"

　"히야, 신기하다 정말."

　아이들은 휴대폰을 들이대고 촬영을 한다, 사진을 찍는다 야단법
석이다.

　"참, 기념으로 탄생 축하 음악을 들려줘야지. 이런 최신 유행 음악
은 태교에 안 좋아. 너무 요란해."

　내 말에 경은이가 깔깔댄다.

　"삼촌은? 태교는 무슨 태교야. 얘가 애 낳어? 허,물,벗,기, 쫌 유식
한 말로는 탈피라는 거야."

　"아무튼 안 좋아. 클래식 음악 틀어줄 거야."

아이들 등교에 맞추어 신나게 흘러나오던 가요를 내리고 비발디를 골랐다. 생명력 넘치는 아름다운 곡으로는 비발디가 최고다. 아침의 탄생이라니, 오늘 하루가 얼마나 근사할 것인가!

"얘들아 학교 안 늦어? 나비 때문에 지각한다 니들."

"참 그렇지! 삼촌 점심시간에 나올 테니까 잘 보고 있어요. 이따 다 얘기해줘야 돼요."

서두르는 경은이를 이어 혁이랑 주현이도 교문을 향해 달렸다.

"나비야, 안녕."

"잘 살아, 행복해야 돼 나비~~"

아이들이 썰물처럼 빠져나간 후에야 비로소 예쁜 나비를 온전히 혼자 볼 수 있었다. 녀석은 날개를 말리느라고 한동안 고치 위에 그대로 머물렀다. 몸통 끝으로 똥이라도 누는지 검은 액체가 방울방울 서너 번 떨어져 내렸다. 몸이 말라가면서 가루분 뽀송뽀송한 나비꼴이 갖춰져갔다.

어릴 때라면 얌전히 앉아 있는 나비를 보고 그냥 지나칠 내가 아니다. 검지와 장지 두 손가락을 가위처럼 펼치고 접힌 날개를 두 손가락 사이에 끼워 탁 닫으면 나비는 영락없이 포로가 되어 바둥거렸다. 지금 날개를 말리며 새 생을 준비하는 나비를 보니 사뭇 장하기까지 하다.

"넌 완전히 새로운 삶을 시작했구나. 근데 지금 내가 널 잡으면 어떻게 되게? 넌 아마 절름발이 날개를 갖게 될걸? 나처럼 말야. 그러니까 조심해야 돼."

나비는 30분쯤 머물다 완전히 기운을 차렸는지 아침 햇살 속으로 팔랑팔랑 날아가 버렸다. 점심시간에 몰려나온 아이들한테 나비가 얼마나 예뻤는지, 어떻게 쉬다가 갔는지, 무슨 무늬가 있었는지 시시콜콜 얘기해주었다. 매표소에 들르는 손님들에게도 이 신기한 사건을 전해줬다.

"나비가 허물 벗는 거 봤어요? 이게요, 오늘 아침에 나비가 태어난 번데긴데요……."

공간이 텅 빈 고치집을 증거로 삼아놓고 종일 들뜬 시간을 보냈다.

"엄마, 이게 바로 그 고치집이야."

급기야 집에까지 그걸 모셔가서 한바탕 아침에 벌어진 사건에 대해 들려주자 엄마도 제법 신기한 듯 들여다보셨다. 하지만 할머니는 어린애처럼 별걸 다 집어왔다고 궁시렁궁시렁하셨다.

"할무니, 어떤 유명한 작가가 이런 말 했다. '태어나려는 자는 하나의 세계를 파괴하지 않으면 안 된다.' 어때, 멋있는 말 같지 않아? 이 고치집이 바로 그 세계야. 걔 혼자 그거 뚫고 살아났어."

"참 대견하네."

엄마도 맞다는 뜻으로 고개를 주억거리셨다.

"할무니, 내가 태어났을 때 어떻게 됐다고 했지? 응?"

"죽었었지."

"맞아. 나도 죽었는데 살아났잖아, 그치? 할무니가 맨날맨날 말했잖아. '수명아 너는 죽었다 살아났어. 그니까 착하게 살아야 돼.' 이랬지?"

"그랬지."

"거봐. 얘도 죽다 살아났어. 그래서 얘는 이쁜 나비 되고 수명이는 '행복한 나그네' 되고."

"그래, 우리 수명이 나비다 나비. 수명나비."

엄마와 할머니는 싱겁다는듯이 웃으시면서도 내 편이 되어주셨다. 할머니는 흐뭇하게 웃으시는데 엄마 얼굴에는 짠한 표정이 얼핏 스치는 듯했다.

부천에서 내가 태어날 당시는 모두들 집에서 산파의 도움을 받던 때였다. 한나절이 넘는 진통 끝에 탄생한 나는 태어나자마자 숨이 끊어져 가족들의 애를 태웠다고 한다. 첫아이에 장남이었으니 부모와 할머니의 노심초사가 이만저만이 아니었으리라. 하지만 죽은 줄로만 여겼던 갓난아기가 열두 시간 만에 울음을 터뜨리고 호흡이 돌아왔단다. 그렇게 태어날 때부터 어른들을 놀라게 하며 매우 독특한 신고식을 치렀던 나는 다시 두 살 때 열병으로 소아마비를 앓았다. 그 뒤부터 할머니는 늘 내 귀에 대고 이렇게 경을 읽었다.

"죽다 살아난 목숨이니 아무렇게나 살면 안 돼. 착하게 살아야지, 안 그럼 벌 받아. 평생의 죽을 고비 다 넘겼으니 인제 덤이다 치고 착하게 살아야 해."

서른을 넘기고도 계속되는 그 주문 덕일까? 사소한 인생사에도 진심으로 고마워하고 기뻐할 줄 알게 된 것은.

"나비야 나비야 이리 날아 오너라, 노랑나비 흰나비 춤을 추며 오너라…….."

콧노래를 흥얼대며 나는 창틀 위에 고치집을 올려놓고서 오늘 태어난 나비를 위해 기도드렸다.

'나비야 세상이 얼마나 아름다운지 맘껏 날아봐. 멋진 짝도 만나고 귀여운 알도 낳고, 봄날 짧은 생애를 실컷 날아보렴.'

땅콩과 쭈꾸미

나의 눈에는 왕벚 꽃송이 속에 잠겨 있는 어린 꽃술이
마치 땅콩의 가녀린 발가락 같았다.
그 은은한 꽃잎은 땅콩의 할딱이던 배래기 같다.
오늘 핀 꽃이 반가우면서도 벌써 이 꽃이 이내 질 것을 안타까워하는 것은
어쩌면 이 꽃에서 그 옛날 쉬이 가버린 땅콩의 가냘픔을 본 까닭일까.

때 이른 황사에 부옇던 잎새들이 밤새 얼굴을 씻고 나왔다. 그제
야 비로소 마음에 덮였던 누런 먼지도 함께 씻겨가는 느낌이 들었
다. 며칠 전 황사로 온 천지에 흙먼지가 가라앉아 마음이 뒤숭숭했
더랬다. 별무리 흩뿌린 듯 노랗게 빛나던 민들레꽃이 누런 흙먼지를
뒤집어쓰고 그 빛을 잃자 목구멍 까슬한 이 느낌이 저것들도 그러려

니 싶어 안타까웠다. 부연 먼지 앉은 앞마당의 나뭇잎을 볼 때는 피지도 못한 초록이 이내 시드는 게 아닐까 걱정될 지경이었다.

그러던 것이 밤사이 함초롬 내린 비에 촉촉이 젖어 있는 매표소 앞 마당가가 퍽이나 반가웠다. 생각대로 매표소 주위를 감싸고 있는 나무들도 싱그러운 제 얼굴을 되찾고 있었다. 게다가 올망졸망 멍울만 맺혔던 왕벚꽃이 그 입술을 활짝 벌리고 웃고 있으니 어찌 반갑지 않을까. 아침이 지나자 이슬도 걷히고 연분홍 꽃잎이 나뭇가지 여기저기 커다란 눈송이처럼 함빡 펴 있었다.

"꽃이 지는 모습은 보기 쉬워도 피는 모습은 찾기 어렵다더니 얘네들은 사람들 안 보는 밤에 저 혼자 몰래 피어난 모양이야. 어때, 참 착하고 곱지?"

"원래 봄꽃들은 강인하대요."

벤치에 앉아 있는 꼬마 미선이, 내가 옆에 다가가 앉으며 질문하자 뜻밖의 대답을 했다. 미선이는 육교 건너에 사는 초등학교 3학년짜리 내 친구다. 한가한 오후에는 자전거를 타고 매표소 앞으로 곧잘 놀러오는 아이다. 오늘은 웬일로 하굣길에 벌써 들렀다.

"와, 그래애? 그런 건 누가 가르쳐줬어?"

"울 엄마가요. 봄꽃은 언 땅도 뚫고 나오잖아요. 아저씬 그것도 몰라요?"

핀잔과는 달리 미선이는 내게 눈길도 안 주고 제 옆에 놓인 검은 비닐봉지 속만 쳐다보고 있다.

"그게 뭔데 그러니?"

말도 끝나기 전에 요란한 삐약거림이 대답을 대신했다. 검은 비닐봉지 안에서 아직 노랑색깔도 물들지 않은 어린 병아리가 요동을 쳤다. 그와 동시에 저쪽에서 또래의 남자애가 미선에게 손을 흔들며 뛰어왔다.

"쭈꾸미 찾았어?"

"응, 책상 속에. 똥 치우고 밥 먹여야 해."

새로 온 아이 손에는 삐릭삐릭 전자음을 내는 단말기 같은 게 쥐어 있었다. 아이가 능숙하게 조작을 하자 전자음이 곧 멎었다. 나도 그게 뭔지는 알 것 같았다.

"그게 새로 나온 다마고치구나?"

"네. 내 애완용 쭈꾸미예요."

"나는요, 오늘 병아리 샀어요. 애는 진짜예요. 쭈꾸미랑은 달라요."

병아리가 든 봉지를 조심스레 들어올리며 미선이가 말했다.

"마찬가지야. 그건 괜히 더럽고 힘만 들지. 진짜 똥도 싸고, 밥도 줘야잖아. 죽이비리면 어떡해?"

"내가 잘 키울 거야. 지난번처럼 중닭으로 키워서 할아버지네 집에 갖다 놓으면 돼."

두 아이가 서로 제 애완동물이 잘났다고 입씨름 하면서 일어섰다.

"저기, 미선아, 땅콩 멀미나겠다. 손으로 받쳐줘야지."

"땅콩요?"

미선이가 돌아보며 물었다. 내가 봉지를 가리키며 웃었다.

"그 병아리 말이야. 땅콩만하게 작잖니."

미선이 고개를 끄덕이며 한 손으로 비닐봉지를 받쳐 들었다. 삐약대던 소리가 점점 잦아졌다. 아이들이 간 뒤 나는 왕벚나무 가지를 잡아당겨 꽃을 살살 만져보았다. 보드라운 그 촉감. 바람에 일렁이는 연분홍 꽃잎. 바르르 떨리던 땅콩의 연한 눈썹과 깃털의 느낌 꼭 그대로였다.

예닐곱 살 때 우리 집에는 '땅콩'이 있었다. 처음으로 사랑하고 가슴 아팠던 특별한 친구이다.

"싫어! 그래도 내 밥 먹일 거야. 나랑 같이 밥 먹어야 돼!"

"밥상에 깃털 날린다 인석아. 무슨 동물을 밥상머리에 앉힌다는 거야."

"땅콩은 동물 아니야. 아기야. 내 아기!"

기가 막힌 엄마는 헛웃음만 픽 흘렸다. 갑자기 생긴 메추라기 한 마리를 내가 어쩌나 애지중지했던지 아무도 말릴 방도가 없었다. 울 안으로 가득 돌아다니는 개, 돼지며 닭에 고양이, 토끼 새끼까지 많이 키워봤어도 이번처럼 특별대접을 하기는 처음이다.

"너 그 메추리 새끼 밥상 앞으로 데려오려거든 너도 밥상에 앉지 마라."

결국 나는 방 한구석에 땅콩만의 밥상을 차려주고서야 숟가락을 들었다. 땅콩의 밥은 잡곡을 손수 골라 담은 것이었다. 그러고는 얼렁뚱땅 밥을 먹어치우고 얼른 물을 떠서 땅콩 곁으로 달려갔다.

"수진아, 물 좀 새로 떠와. 땅콩이 물 엎질렀어."

젖은 깃털을 부르르 털어내는 모습이 정말 귀여웠다. 수진이 장난감 그릇에 맑은 물을 담아 땅콩 앞으로 밀어주었다.

"자, 어서 먹어라, 착한 아가야. 좀 있다 벌레 잡아줄게."

"오빠, 그래도 땅콩은 주인도 몰라. 멍청이야."

"아직 어려서 그래. 아기니까. 수진아, 우리 개미 잡으러 갈까? 땅콩 먹이게."

"응."

"땅콩 좀 잘 안고 있어. 얼룩괭이 쫓아내고 올게. 조심해."

"응, 오빠."

"땅콩은 그렇게 세게 쥐면 안 돼. 계란처럼 깨져버리면 어떡해. 손을 동그랗게 해봐."

그렇게 땅콩을 안고 양지쪽에 앉아 벌레를 먹이면 땅콩은 종종거
리며 잘도 돌아다녔다. 정말 땅콩은 돌돌 구르듯 작고 귀여운 녀석
이었다. 그러다 땅콩을 손에 안고 가만히 뺨에 대면 손바닥에, 뺨에
땅콩의 보송한 솜털과 연약한 뼈대를 올올이 느낄 수 있었다.

"아! 보드라워. 수진아, 땅콩 숨소리가 '살금살금 살금살금' 이렇
게 들려."

그런데 어느 날 땅콩을 잃어버렸다. 특별 애완동물답게 마당보다
는 마루나 방에 머무르는 일이 더 많은 땅콩이 그만 감쪽같이 사라
져 버린 것이다. 집 안은 물론 부엌과 마당, 돼지우리까지 들여다보
았지만 땅콩의 흔적은 없었다. 불길한 생각이 들자 심장이 콩콩 뛰
었다. 얼룩괭이를 잡아 족쳐볼 생각인데 오늘따라 괭이는 나를 슬슬
피하면서 약만 올리고 달아났다.

"땅콩아, 땅콩! 땅코옹! 어딨어……."

"쟤가 또 오늘도 시끄럽게 생겼네. 한나절 내내 땅콩 노래만 불러
대니."

"저러다 말겠지 뭐. 애들은 금방 잊는다. 그나저나 그 콩알만 한
게 어딜 가서 저리 애를 태우누."

마루에서 무슨 일감인가를 잔뜩 늘어놓고 앉았던 할머니와 엄마

는 처음에 땅콩의 실종을 대수롭지 않게 생각하셨지만, 일을 끝내고 일어섰을 때에는 도저히 무심할 수 없는 사태가 벌어져 있었다. 마루에 널렸던 일감들 틈에서, 그것도 엄마의 엉덩이 밑에서 축 늘어진 땅콩이 발견되었기 때문이다.

"으아아앙 내 땅콩 살려내! 땅콩아! 엉엉엉!"

"수명아, 삼촌이 새로 메추라기 잡아준대. 울지 마, 고만 울어."

"으앙, 필요 없어. 내 땅콩! 땅콩 내놔!"

가슴이 찢어지는 아픔을, 마음이 갈가리 조각나는 슬픔을 처음 알게 되었을 때 나는 겨우 예닐곱 어린 아이였다. 울다가 목이 쉬어 컬컬거리며 잠이 들었을 때도 땅콩을 쉼 없이 불러대는 내 잠꼬대는 계속되었다. 아침에 일어나자 또 땅콩 생각에 목메어 울었다. 결국은 아버지한테 위협조의 꾸지람을 듣고서 겨우 울음을 멈췄는데 어찌나 울었던지 배가 고파 기진하고야 말았다.

내 눈에는 왕벚 꽃송이 안에 잠겨 있는 어린 꽃술이 마치 땅콩의 가녀린 발가락 같았다. 그 은은한 꽃잎은 땅콩의 할딱이던 배래기 같다. 오늘 핀 꽃이 반가우면서도 벌써 이 꽃이 이내 질 것을 안타까워하는 것은 어쩌면 이 꽃에서 그 옛날 쉬이 가버린 땅콩의 가냘픔을 본 까닭일까.

연약한 꽃잎 역시 안타까웠다. 땅콩의 추억에 빠져, 당겼던 왕벚

나무 가지를 탁 놓자 꽃잎자락 몇 올이 툭, 떨어져 내렸다. 그러자 연분홍 애잔한 꽃잎이 내 발치 아래로, 눈물처럼 화르르…… 휘돌며 흘러내렸다.

밤낚시

"빨리 치어들 놔줘야 돼. 안 그럼 우리 죽어."
"뚱딴지같이 그게 무슨 소리야?"
"치어 안 놔주면 벼락 맞아 죽는다니까? 빨리 풀어주자."

봄비 오신다. 비가 오니 매표소 마당에 나가 앉았을 수는 없고 파라솔을 접자니 행여 오가다 비를 긋는 사람 있을까 하여 그대로 둔 채 어둑신한 오후 내내 매표소에 갇혀 지냈다. 빗살에 초개처럼 몸을 버린 벚꽃잎은 병든 누이 같은 낯빛으로 스러지고 있었다. 비 오시는 날은 특히 가슴팍이 시려온다. 남들이 봄을 타고 가을을 타듯 나는 '비를 탄다'. 더구나 이렇게 바람도 없이 고즈넉한 비가 속삭이듯 내려오면, 매표소만 아니라면 벌써 빗속으로 내달아 발길 따라 마음 따라 한없이 헤매었을 터이다. 몸은 여기에 있으면서도 마음은 빗줄기 생겨나는 하늘가 어딘가로 이미 날아가 버렸다.

오늘 같은 날은 어떤 음악을 들어야 할까? 느릿느릿 음악을 골라 보았다. 조용한 음악이 끌리는 오후, 거리는 호젓하고 손님도 드물어 비를 만끽하기에 그만이다. 비와 함께 음악 듣기도 좋다. 옛일을 회상하기에도 시를 쓰기에도 더더욱 좋으리라.

"……시린 그대 눈물 씻어주고픈 수요일엔 빨간 장미를…… 비 내리는 거리에서, 무거운 코트 깃을 올려 세우며 비오는 수요일엔 빨간 장미를."

나직이 노래를 따라 부르며 매표소 지붕으로 후둑후둑 떨어지는 빗방울 소리에 귀를 기울였다. 가건물 지붕에 알맞게 떨어지는 빗방울의 리듬감이란! 먼 세상 어디로 빨려 들어갈듯 나긋한 소리, 눈으로 떨어지는 빗방울을 좇으면 동심원 속에 후두둑 떨어지는 빗방울이 보석 같다. 아니 보석이 깨어져 동심원으로 무너지나……? 메마른 대지를 온몸으로 메우고 내를 이루고, 강을 이루고, 떨어지고 부서지고 흩어지고 모이는 그 모든 것이 인연인지 업인지, 혹 떨어지는 그 점이 인생의 끝일지도 모른다.

그렇게 한껏 비를 즐기던 순간이었다. 매표소 앞 인도 한복판에 꿈틀대는 왕지렁이를 발견한 것은. 섬세하게 날이 섰던 감성이 그 왕지렁이 때문에 화들짝 놀라 깨었다. 얼른 우산을 받쳐 들고 나섰다. 인도에는 여러 마리의 지렁이가 꿈틀대며 비를 반기고 있었다. 아마도 흙이 있는 녹지대에서 내려왔을 것이다. 비를 타던 내 감성도 현실감각을 되찾아 재빨리 돌아왔다.

"야들아, 니들 이렇게 나오면 어떻게 해. 하굣길에 애들이 금방 몰려나올 텐데, 다 밟혀 죽을 작정이야? 비 그치면 도로 올라가지도 못하고 말라죽을 거면서 겁도 없이, 이것들이!"

나는 지렁이를 잡아 마당으로 휙휙 던졌다. 통통한 왕지렁이를 보자 어제 현숙 누나와 재민 형 부부가 낚시 갈 거라고 했던 게 생각났다. 두 사람은 이곳 녹지대 뒤 담 너머 있는 아파트에 사는 아주 절친한 동네 친구다. 나와 그들의 아들 봉호와도 친구다. 그 가족이 바다낚시를 좋아해서 나도 함께 가곤 한다.

"제법 살점이 있어서 미끼로 쓰기 딱이겠는데. 아깝네, 형이 내일 낚시 가면 니들은 다 죽은 목숨인데."

지렁이가 밟혀 죽을까봐 걱정하면서도 미끼로 쓸 일에는 탐을 내는 내 자신이 우스웠다.

"그것이 너희 운명이니라. 오늘은 네놈들이 구사일생 했느니라."

아니나 다를까 중학생들이 떼로 몰려나오며 재잘대었다. 둘이서 셋이서 허울로만 우산을 쓰고 킬킬거리며 뛰는 아이들, 교복 윗도리를 머리에 뒤집어쓰고 희희낙락하는 놈들도 있었다.

"안녕, 삼촌! 비 오는데 뭐 해요?"

은진, 명숙이가 저쪽에서부터 손을 흔들었다. 경은이와 삼총사인 이 아이들은 그래도 나를 꼬박꼬박 삼촌으로 불러준다. 맨 처음 '아저씨'라는 호칭에 기겁을 했던 나는 '오빠'를 고집했지만 끝내 협상이 결렬되고 결국 '삼촌'으로 타협을 보았다. 하지만 지금은 아이들이 불러주는 '삼촌'이 오빠보다 더 친밀한 호칭이 되어버렸다.

"으앗! 삼촌, 징그럽게 뭐하는 거예요!"

"아으, 더러워."

은진, 명숙이 가까이 오더니 기겁을 한다.

"더럽긴, 지렁이가 얼마나 깨끗하고 좋은 동물인데 그래? 흙도 비옥하게 해주지, 미끼도 돼주지."

"으으, 징그럽잖아요. 어후, 저리 치워요."

아이들은 지렁일 보여주자 질색을 하며 도망쳐 버렸다.

"지렁이가 얼마나 매끄럽고 부드러운데 뭐가 징그러."

손가락에 휘감긴 지렁이를 보며 나는 아버지와 낚시 다니던 때를 떠올렸다. 아버지와 마지막으로 낚시를 간 게 언제였는지 지금은 기억도 안 나지만.

"수명아, 낚시 가자." 그 한 마디면 놀던 자리를 툭툭 털고 그저 아빠 손잡고 따라나서기만 하면 되었다. 가까이는 논둑 넘어 지평선까지 한참을 걷다보면 커다란 저수지가 나왔고, 멀리는 춘천으로 대천으로 어디가 어딘지도 모르고 쫄랑대며 다녔다.

첫 밤낚시 때도 아빠랑 둘이 떠나왔는데 비오고 번개치던 그 밤에도 아빠가 있어 무섭지 않았다. 여름이었는지 아빠는 배낭만 달랑 메고 왔다. 나는 한밤중에 낚시의자에 기대 꾸벅꾸벅 졸다가 번쩍하는 섬광에 놀라 깨어났다. 저수지 저쪽 하늘에 푸른빛 마른번개가 치고 있었다. 번갯불에 야광찌가 어지러이 흔들리는 모습이 두렵게 느껴졌다. 더럭 겁이 났다. 가만히 아빠 옆으로 붙어 앉았다.

바람은 갑작스레 스산해지고 먼 밤하늘이 붉게 물들고 있었다. 마른번개는, 백만 볼트의 무서운 빛을 발하며 세상을 드러냈다 감췄다 멋대로 놀고 있었다. 번개가 칠 때마다 가슴이 졸아드는 것 같아 눈을 꼭 감았다.

"비가 오려나? 하필 오늘은 텐트도 없는데 어쩐다?"

낚싯대를 거두는 아빠의 비 걱정과는 딴판으로 나는 번개가 더 신경쓰이고 무서웠다.

'하느님, 아빠랑 저를 살려주세요. 제발 살려주세요.'

기도를 하다 낮에 물고기를 잡아두었던 어망에 생각이 미쳤다. 그러자 마음속에 무서운 후회와 두려움이 몰려들었다.

"아빠, 치어 놔줬어? 응?"

"치어? 네가 놔주지 말자며? 갖고 가서 키운다고."

"안 돼! 빨리 놔줘야 돼!"

나는 아빠 발아래 물속에 잠겨 있는 어망을 씩씩거리며 건져 올렸다. 갑작스런 플래시 불빛에 고기들이 놀라 우왕좌왕했다.

"갑자기 왜 그래, 수명아?"

"빨리 치어들 놔줘야 돼. 안 그럼 우리 죽어."

"뚱딴지같이 그게 무슨 소리야?"

"치어 안 놔주면 벼락 맞아 죽는다니까? 빨리 풀어주자."

"얘가 무슨 소릴 하는 건지."

아빠는 영문을 모르겠다는 듯 갸우뚱하면서도 순순히 치어를 풀어주었다. 낮에 아빠가 "치어가 너무 어린애라서 엄마 젖 더 먹어야 되니까 풀어주는 거야." 하고 말했을 때 그 예쁜 것들이 탐나서 안 된다고, 내가 엄마 대신 키워줄 거라고 아빠에게 생떼를 부렸더랬다. 그 때문에 벼락이 내릴 것이라고 나는 생각했다. 치어를 어미한테 떼어낸 벌로 이제 하느님이 나에게 벼락을 내릴 것이라고 말이다. 그리 생각하니 두렵기 그지없었다.

'나랑 아빠랑 죽으면 수진이는 어떡해, 엄마는 어떡하고!'

남들 몰래 나쁜 짓을 한 사람이 벼락에 맞아 죽는 벌을 받는다는 옛날이야기를 며칠 전 들은 때문일까. 나는 진짜로 내가 놓아주지 않은 치어 때문에 벼락이 쳤다고 믿었다. 게다가 그런 확신에 대한 증거가 명확히 있었다.

작년에 나는 논두렁의 오리들이 무서워 날마다 작대기로 오리들을 때리며 지나다녔던 적이 있었다. 그러다가 어느 날 작대기 없이 수진이를 데리고 논길에 들어섰다가 오리들의 무지막지한 공격을 받게 되었다. 그 큰 날개를 퍼덕이며 내 어깨와 머리에 올라앉아 사정없이 날개로 매질하고 어떤 놈은 다리를 물어뜯었다. 오리들의 공격은 무서웠다. 안 그래도 두렵던 오리들의 공격에 어린 수진이까지 보호하려고 애쓰다보니, 그 일이 있고 며칠 동안 나는 까무라치게 놀라고 경기를 해댔다.

그보다 어릴 때에는 귀여워하던 개를 괴롭히다가 개에게 뒤통수를 물려서 죽다 살아난 적도 있었다. 하기야 밥 먹고 있는 개의 밥그릇을 툭툭 차고 장난을 걸었으니 개로서는 당연한 반응이었다. 하지만 이 두 사건은 나의 뇌리 속에 '공포'라는 단어를 깊이 심어주었다. 멋모르고 저지른 일로 처절한 응징의 복수를 당해야 했던 그때의 사건은 어린 나에게 두고두고 치유되지 못할 아린 상처로 남았다.

곧 빗발이 들이쳐 오갈 데 없는 나와 아빠는 그 비를 고스란히 맞아야 했다.

"수명아 이리 와봐. 여기 아빠 무릎에 앉아 등을 기대렴. 좀 있으면 따뜻해질 거야."

아빠는 나를 무릎에 앉히고 커다란 비닐을 펼쳐 머리에서부터 푹 뒤집어썼다. 굵은 빗줄기가 온몸을 두들겼지만 덮어쓴 비닐 덕에 한결 나았다. 추위에 오슬오슬 떠는 나를 아빠가 온몸으로 감싸 안았다. 웅크린 채 안긴 내 등에서 아빠의 심장소리가 쿵쿵 울려왔다. 비로소 나는 따뜻한 체온을 느끼며 이내 마음의 안정을 찾을 수 있었다.

차츰 번개와 천둥이 잦아들고 빗줄기만 계속 가늘게 내릴 무렵, 나는 어슴푸레 잠에 빠져들었다. 그리고 꿈결에 커다란 오리가 독수리처럼 하늘을 날고 있는 걸 보았다. 시간이 얼마나 지났을까. 잠든 지도 몰랐다가 눈을 뜨자 아빠가 내 다리를 마사지하고 있었다. 내 내 따뜻한 뭔가가 다리를 쓰다듬고 있다는 느낌이 든 것은 순전히 아빠의 손 때문이었던 것이다. 추위에 혹 경련이라도 일까봐 아빠는 내내 아들의 성치 않은 다리를 주무르며 밤을 샜던 것이다.

"춥냐?"

아직 졸음이 가득한 내 눈에 아빠가 흐릿하게 보였다. 나는 그저 고개만 살랑살랑 가로저어 대답을 대신했다.

어릴 적에 아빠가 낚시갈 때는 가까우나 머나 늘 나를 데리고 다녔는데 이제는 내가 아버지를 모시고 다녀야 할 때가 되었다. 빗속에서 마지막 지렁이를 풀숲에 돌려보내며, 이번 주 일요일에 아버지와 함께 낚시나 가볼까, 생각했다.

"이놈들아, 우리 토요일에 다시 보면 어떨까? 토실한 네놈들하고 개구리 뒷다리면 가물치며 붕어며 다 쓸어 담겠다. 아, 일요일이 기대되는데!"

슈퍼마켓 **슈퍼**맨

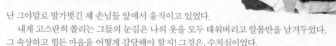

난 그야말로 발가벗긴 채 손님들 앞에서 움직이고 있었다.
　내게 고스란히 쏠리는 그들의 눈길은 나의 옷을 모두 태워버리고 알몸만을 남겨두었다.
그 속상하고 힘든 마음을 어떻게 감당해야 할지! 그것은, 수치심이었다.

　비설거지가 큰 일감이다. 살뜰히도 사람 마음 채워주는 봄비가 살 긋살긋 내릴 때는 좋았는데 비 그친 다음이 문제다. '행복한 나그네 매표소' 앞 인도로 앞마당 녹지의 흙이 자꾸 떠내려와 물 빠지고 나 면 아주 애먹는다. 어제 단비 마시고 촉촉한 날을 즐겼으니 오늘은 그 값을 톡톡히 치를 차례다.

어제는 빗줄기에 젖은 커다란 나무들이 우듬지까지 검게 빛나는 모습이 참 아름다웠다. 윤기 만발한 어린잎과 한층 더한 초록으로 물든 큰 잎사귀들이 검은 잔가지 사이로 앞다퉈 선연한 푸름을 뿜내었던 오후. 며칠 전까지만 해도 사방팔방 뿌려대던 아카시아 향기는 어데 가고, 오늘은 쌀알처럼 흩어진 하얀 꽃들만 여기저기 누워서 시름시름 앓고 있다.

봄 가뭄을 해갈하는 단비라고 모두들 예뻐한 그 비를 나 또한 더없이 예뻐했다. 하지만 아무래도 매표소 앞 인도의 보도블록은 잔흙더미에 깔려 싫다고 아우성대는 듯하다. 안 그래도 여름 장마 오기 전에 어느 일요일 날을 잡아 화단에 담을 쳐줘야겠다고 단단히 마음먹고 있던 터였다.

"빼앙 ~ 빵, 빵, 빵!"

아침부터 자동차 경적으로 '대~한민국!'을 외치는 사람은 이부장님 한 명뿐이다. 현숙 누나와 같은 사무실에 근무하는 이부장님은 가끔 출근길에 마주치면 꼭 이렇게 클랙슨을 울려준다.

"안녕하세요? 이부장님, 좋은 아침입니다!"

"좋은 아침인데, 보아하니 아침부터 자네가 해야 할 일이 많게 생겼네."

"복이 많아서 일복도 티졌어요. 그래도 하늘이 깨끗해져서 기분 좋네요."

"그래, 남쪽의 가뭄이 다 풀렸다니 비가 와서 좋지. 그럼 덕분에 수고하셔!"

흙탕물이 튄 의자며 정류소, 매표소까지 닦아내느라 나는 아침부터 몸을 부산히 놀리고 있었다. 그런데 아까부터 이상한 점이 눈에 띄었다. 내가 청소를 하고 있으면 사람들이 으레 알아서 돈 내고 거스름돈도 집어가고 하는 일은 이제 예사였다. 그런데 물건을 사거나 나를 찾는 것도 아닌 것 같은데 자꾸 매표소를 기웃거리는 사람들이 몇 명이나 눈에 띄었다. 유독 여자들이 그렇다는 게 더 수상쩍었다. 한 여자가 고개를 갸웃거리고 있길래 무슨 일인가 싶어 앞으로 다가갔다. 그러자 찔끔 놀란 여자가 배시시 웃고는 그냥 가버리는 것이 아닌가.

"참 이상하다, 도대체 왜들 저러지?"

내가 의구심을 가지고 갸웃거리고 있는 틈에 어떤 아가씨가 또 고개를 기웃거리는 모습이 유리창에 비쳤다. 내 뒤쪽에서 그 아가씨가 머리카락을 귓등으로 연신 넘기고 매만지면서, 입술을 활짝 힘주어 펴보고는 만족한 얼굴로 돌아서는 것이었다. 이제야 알았다. 여자들이 매표소의 너른 유리창에 자신의 모양새를 비춰보느라 그런다는 것을.

그 다음 날로 당장 매표소 벽에 거울을 갖다 붙였다. 스피커에 벽시계에 거울까지 고루 구색을 맞추었다. 이제 거울에 이름을 달 순간이다. 거울 이름은 '예쁜 얼굴 보세요'.

이렇게 거울을 준비해두고 사람들을 관찰하니 다들 거울 앞에서는 '내가 이 세상에서 최고의 미남, 미녀'라는 얼굴을 하고 있다. 사람들이 좋아하니 나 또한 흐뭇하기 짝이 없다. 사람들에게 너무 서비스를 잘하는 게 아닐까, 우쭐해질 지경이었다.

'이게 다 병천 형님 덕분이지. 그 시절 금강슈퍼 아니면 지금의 내가 가능했을까……'

처음부터 내가 이렇게 사람들과 친밀했던 것은 아니다. 이처럼 즐거이 남에게 서비스를 잘하는 성격은 더더욱 아니었다. 어린 시절에는 잘 모르는 사람과 이야기하는 것도, 스스럼없이 지내는 것도 내게는 모두 낯설고 어렵게만 느껴졌다.

어린 시절 도당동에서 살 무렵, 그 동네에서 슈퍼마켓을 하던 병천 아저씨는 나를 무척 귀여워했다. 초등학교 3학년쯤엔가, 어느 날 아저씨가 나를 가게로 부르시더니 옆에 앉혀두고는 아예 명령조로 말을 건넸다.

"수명아, 아저씨 요 앞에 볼일 보러 갔다 올 테니 그동안 가게 좀 보고 있어라."

내가 우물쭈물하는 사이 아저씨는 이미 사라졌다. 도망칠 수도, 가게를 비울 수도 없는 난감한 지경이 되었다. 사실 더 큰 곤란은 다른 데 있었다.

'어쩌지? 물건 값도 모르고, 사람들 오면 어쩌지?'

동네 가게에 손님이 아니 올 리 없건만 손님이 올까봐 겁이 더럭 났다. 난 불안해하며 금고도 열어보고 물건도 둘러보았다. 10여 분이 지난 후 첫손님이 들었을 때, 나는 손님의 눈치를 보며 물건을 갖다 주고는 기어들어가는 목소리로 겨우 물건값을 말했다. 가슴이 떨려서 손님을 정면으로 볼 수가 없었다. 내가 무슨 정신으로 물건을 팔았는지 모르겠다. 그리고 나서 그저 과자나 라면 따위를 사가는 손님들을 겨우겨우 넘겨가던 중 드디어 내가 상대하기 참으로 곤란한 손님을 맞이하게 되었다.

"거북선 하나 주라. 맛동산도."

딸내미 손을 잡은 아저씨가 1만 원짜리를 턱 내밀었지만 담배가 어디 있는지 당최 알 수가 없었다.

"다, 담배⋯⋯요? 담배가, 담배가⋯⋯."

"카운터 밑에 봐라."

당황하여 급히 진열대만 살피고 있자 아저씨가 일러주었다. 일단 거북선을 꺼내들었지만 값을 몰라 또 당혹스런 표정을 짓고 있는 사

이, 나와 같은 또래의 계집아이는 맛동산을 찾아들고 카운터 앞에
서서 나를 말똥말똥 바라보고 있었다.

"오백 원이다."

다시 아저씨가 가르쳐주었다. 거스름돈을 찾는데 손이 떨렸다. 계
집애의 호기심으로 빛나는 눈이 나의 얼굴을 활활 달구는 것 같았
다. 9천 몇백 원을 거슬러주는 동안 오른손은 혼자 움찔움찔 전율하
고 지폐는 굽은 손가락들 사이로 여봐란 듯이 빠져나갔다. 지폐의
반이 바닥으로 흘러 떨어졌다. 결국 왼손으로 돈을 한장 한장 세어
서 카운터에 늘어놓고서야 거스름돈을 내줄 수 있었다. 영원처럼,
긴 시간이었다.

아저씨가 아둔한 동작을 참고 기다리는 동안 여자아이의 빤히 바
라보는 눈이 내 등짝에 불을 지르고 있었다. 온몸에 식은땀이 찐득
했다. 그만 주저앉아 울고만 싶었다. 줄곧 나의 오른손에서 눈을 떼
지 않는 여자애의 눈빛이 가슴속을 파고들었다. 그애가 눈길을 떼고
가게를 완전히 벗어날 때까지 나는 한 발짝도 걷고 싶지 않았다. 내
손에 쏟아지던 그 눈빛이 다시 다리까지 향하는 걸 결코 원치 않았
기 때문이었다. 원래 잘 하지도 못하는 어눌한 인사가 그나마 입안
이 바짝 말라서 개미소리만큼도 나오지 않았다.

그 힘든 고비를 넘겼는데도 주인아저씨는 나타나지 않았다. 그냥

집으로 도망치고 싶은 마음이 굴뚝 같았지만 금고가 있는 가게를 나 몰라라 버리고 갈 수도 없었다. 그 후로도 힘든 시간이 두어 시간이나 계속됐다. 온몸으로 애를 쓰다보니 금방 힘에 부쳤다. 나는 물에 젖은 솜처럼 온몸이 땀에 젖고 피로에 젖어 파김치가 되고 말았다.

더욱 힘든 건 마음이었다. 난 그야말로 발가벗긴 채 손님들 앞에서 움직이고 있었다. 내게 고스란히 쏠리는 그들의 눈길은 나의 옷을 모두 태워버리고 알몸만을 남겨두었다. 그 속상하고 힘든 마음을 어떻게 감당해야 할지!

그것은, 수치심이었다.

"우와, 우리 수명이 진짜 슈퍼맨이네. 아쭈우 잘했어."

늦게야 나타난 주인아저씨는 엄지손가락을 치켜세우며 새우깡 한 봉지를 손에 들려주셨다. 이렇게 시작된 나의 대인연습 프로젝트(?)는 때를 가리지 않고 계속되었다. 물건 값을 더 받든 덜 받든, 얼마를 팔았든, 계산이 맞든 안 맞든 아저씨는 한 번도 내게 묻지 않았다. 그저 '슈퍼맨!' 하면서 엄지손가락을 세울 뿐이었다. 그러면서 중학교 3학년이 되었을 때 나는 많이 달라져 있었다.

"안녕하세요? 어서 오세요."

"찾는 물건이 없으세요? 잠깐만요, 제가 찾아드릴게요."

"저는 이게 더 좋던데요? 이걸로 한번 써보세요."

"고맙습니다. 또 오세요."

이런 말들이 입에서 자연스럽게 나왔다. 어느새 사람들을 살피고 어떻게 하면 그들을 편하게 해줄까를 생각하는 소년이 되어 있었다. 그리고 사람들 앞에서 걷는 것을 더 이상 두려워하지 않게 되었다.

지금 손님이 낸 1만 원짜리를 받고 거슬러주면서 나는 그 옛날 거북선 값을 거슬러주던 그때의 모습을 떠올렸다. 지폐를 떨어뜨리며 쩔쩔매던 꼬마는 이제 사람들과 눈을 맞추며 따뜻한 인사를 나누는 청년이 되었다. 사람들과 웃음을 나누고 싶어서 시원한 창을 활짝 열어두고 반기는 행복한 나그네다.

"수명 씨, 여기다 거울도 달았네?"

"어마, 정말 거울 있어서 아주 편리해요. 고마워요."

퇴근길에 건너편 약국에 같이 근무하는 영자 누나와 지선 씨가 쌍으로 환영을 표했다. 약국 사람들 밥을 해주는 영자 누나는 장을 본 모양이다. 야채가 가득 든 장바구니를 들고 있다.

"좋죠? 내가 다들 좋아하실 줄 알았어. 아우, 난 왜 이렇게 좋은 생각을 잘 하는 거야!"

"호호호, 맞아요. 아이디어맨이야 수명 씨는."

"이름도 좋다, '예쁜 얼굴 보세요', 응?"

지선의 칭찬에 내 어깨가 으쓱해졌다.

"그 거울 보고 웃으면 이뻐지실 거예요. 열심히 보세요, 날마다 반짝반짝 닦아놓을게요."

오늘 하루 종일 거울을 보고 반가워하며 인사하는 손님이 끊이질 않았다. 가만히 보니 지나가는 여자들의 90%는 모두 거울을 보는 것이었다. 머리와 얼굴, 옷매무새를 가다듬고는 거울 앞을 떠날 때는 생긋 웃었다. 여자들의 그 미소는 언제나 나를 미소 짓게 한다.

슬픈 주검

약 오르지 끝났지, 하는 노랫소리가
풍뎅아 풍뎅아 맴을 돌아라, 하던 노랫소리와 별반 다를 게 없었다.
그때 내가 얼마나 가슴 아프고 분노했는지 아이들이 알 턱이 없을 것이다.
나 또한 풍뎅이를 돌리며 한 번도 풍뎅이의 고통에 대해서는 생각해본 적이 없었으니까.

봄바람이 두서없이 펄럭이고 있다. 갑자기 나는 어릴 적 살던 동
네에 봄만 되면 나타났던 미친 여자의 속치맛자락 날리던 모습이 생
각났다. 갈피를 잡을 수 없이 풀풀 휘날리는 거센 바람이 대지의 습
기를 모조리 빨아먹겠다는 듯 매표소 앞으로 사정없이 휘몰아치고
있었다. 그래서인지 매표소를 받치고 있는 땅은 한낮 햇볕에, 거친

바람에 제법 훗훗하고 건조하다. 연일 쾌청한 날씨에 꽃맞이 가는 사람들의 발길이 끊이질 않는다는데, 오늘은 바람이 모질어서 얄포름한 봄나들이 차림새로는 감기 들기 십상이겠다.

이제 민들레꽃이 꽃잎을 앙다물고 토라진 걸 보니 세 시가 넘었겠다. '낮에 피는 별꽃'이라 애칭삼아 부르는 민들레들은 이쯤 되면 잠자리에 들 채비를 한다. 하루 햇빛이 다 시들었다 여겨서일까. 민들레는 한가한 오전 시간 크게 웃다가, 바쁜 오후 시각 사람들이 북적댈 때 (자신을 바라봐주지 않는다고) 원망이라도 하듯 금세 황금빛 꽃잎을 오므려버린다. 오늘은 갈팡질팡 오가는 바람이 싫어서인지 일찌감치 그 새침한 입을 더욱 옹다물고 있다.

바람이 거세니 길거리에 나뒹구는 쓰레기들이 춤을 춘다. 몇 번이나 매표소 앞을 치우러 돌아다녀야 했다. 비닐봉지며 종이쪽지며 잡히는 대로 치우다가 풀숲도 아닌 길 한복판에서 문득 곤충의 주검을 발견했다. 다리가 모두 잘린 풍뎅이인데 실에 꿰어 있었다. 몸뚱이만 덩그러니 남은 그 괴상한 시체를 보니 마음이 몹시 언짢아졌다.

틀림없이 아이들의 소행이리라. 때론 아이들이 어른보다 더 잔혹하고 무자비하다는 걸 익히 잘 알고 있다. 모든 포식자들은 본능적으로 살생의 쾌감을 가지고 있다. 어린 시절 나도 이런 짓을 일삼았다. 잠자리 잡아 꼬리 매어 날리다 홱 낚아채고, 사마귀로 작은 곤충들을 죽음의 추격전에 몰아넣고, 귀뚜라미 다리가 뜯기도록 경주를 시키고. 그런 짓을 하며 얼마나 희희낙락 즐거워했던가. 풍뎅이도 물론 예외는 아니었다. 풍뎅이를 홀러덩 뒤집어놓고 바둥대는 녀석 주위로 손가락 맴을 돌며 노래를 불렀었다.

"풍뎅아 풍뎅아 맴맴 돌아라, 풍뎅아 풍뎅아 잘 돌았다……."

그런 유치하고 잔인한 놀이가 힘 없는 또래 아이에게로 향할 때, 얼마나 무차별하고 끔찍할 수 있는지 나는, 안다고 말할 수 있다. 기억하고 싶지 않지만 못내 기억나고 마는 유년의 한때. 그 시절, 어린 아이들이 발산하는 그 원초적 본능이라니.

"바보, 병신, 멍충이!"

화가 나 대거리를 하려는데 다짜고짜 맵디매운 손바닥이 찰싹! 나의 뺨을 강타했다. 어찌나 깜짝 놀랐는지 눈앞에 별이 반짝였다. 그 와중에도 화선이 노기등등한 눈초리로 나를 노려보는 것이 또렷이 보였다.

"영현이만 주구 난 안 준단 말이지! 나쁜 놈!"

정신을 차리고 뭐라 반박할 겨를도 없이 화영은 쌩 돌아서서 뒤통수만 보인 채 성큼성큼 가버렸다. 졸지에 얻어맞고 욕까지 먹으니 그저 어안이 벙벙할 뿐이었다. 제법 친한 친구인 화선이 나를 때렸나! 좀 전까지 예쁜 메모지를 달라고 조르던 화선이가 끝내 거절하는 나에게 화를 터뜨리고 만 것이었다. 하지만 마른하늘에 날벼락도 유분수지 나로서는 도저히 이해할 수 없는 봉변이었다.

'왜 내가 제일 아끼는 걸 자꾸 달라는 거지? 도대체 왜 날 때리는 거야?'

분에 못 이겨 따지려고 해도 상대는 벌써 가버리고 시작종은 울어대고, 서럽기 그지없었다. 영문을 모르는 억울함에 설움은 북받치고 슬픈 마음에 목이 메었다. 그런데 서둘러 곁을 스치던 경재가 내 가방에 발이 걸려 휘청거리다가 하마터면 넘어질 뻔했다. 나라면 틀림없이 쓰러졌을 텐데 경재는 용케도 중심을 잡고 서서는 다짜고짜 내 가방부터 걷어찼다.

"야이, 씨. 가방 제대로 안 놔?"

안 그래도 기분 나빠 씩씩대고 있던 차에 절로 내 눈이 사시가 되었다. 경재 녀석을 째려본 것이다.

"내가 뭘 어쨌다고 그래?"

대꾸해 보았지만 경재에게는 그런 내가 가소롭기만 한가 보다.

"어쭈, 니가 째려보면 어쩔 건데? 벼엉신!"

"……!!"

이쯤 되면 나의 말문이 콱 막히고 만다. 가슴만 쿵덕쿵덕 용솟음칠 뿐 머릿속은 하얘지고 눈물이 핑 돌아 시야가 순식간에 뿌옇게 흐려졌다.

"으이그, 이게, 뭘 봐 임마!"

경재는 책상과 의자 사이로 삐죽이 나온 나의 발을 콱 밟는 것으로 나의 반항을 응징하고는 유유히 자기 자리로 돌아갔다. 그리고는 내가 분에 못 이겨 경재를 노려보자 "쌤통!" 하고 혀를 날름 내밀며 종주먹을 내민다. 감자나 먹으라는 것이다. 경재 옆에 있던 아이들은 와그르르 웃음을 터뜨린다. 나는 자꾸 숨이 막혀 안간힘을 쓰며 숨쉬려고 씩씩대고 있었다. 헐떡이는 나를 향해 아이들의 조롱이 쏟아졌다.

"얼레리꼴레리 수명이는요, 못생겼대요, 얼레리꼴레리 콧구멍이요, 벌름대구요……."

"와, 입술이 혼자 삐쭉삐쭉, 용용 죽겠지, 약 오르지 골났지……."

약 오르지 골났지, 하는 노랫소리가 풍뎅아 풍뎅아 맴을 돌아라, 하던 노랫소리와 별반 다를 게 없었다. 그때 내가 얼마나 가슴 아프고 분노했는지 아이들은 알 턱이 없을 것이다. 나 또한 풍뎅이를 돌리며 한 번도 풍뎅이의 고통에 대해서는 생각해본 적이 없었으니까.

그런 부당한 대우와 놀림은 어린 나의 일상에 늘 있는 것이었다. 누군가 뒤에서 밀어서 교무실의 난로를 뒤엎고 크게 혼날 때에도 아이들은 만만한 나를 내세웠다. 편을 가르는 놀이에서는 제일 먼저 나를 제외시켰고, 고무줄을 잡아줄 사람이 필요할 때는 나를 먼저 불렀다. 그래도 여자애들이 공기놀이를 할 때는 내가 깍두기가 되기는 했다. 왼손으로 하는 공기지만 여자들 놀이에 익숙한 나는 제법 공기놀이를 잘했다.

"수명아~ 고무줄 잡아줘!"

"그으래~"

다음 날쯤이면 나는 전날의 억울함을 까맣게 잊고 고무줄놀이하는 여자애들 틈에 끼어 있었다. 유독 현실이는 나를 고무줄놀이에 잘 끼워주었는데, 그애가 나를 부르는 소리가 나면 나는 자동으로 그들에게로 달려가 고무줄을 잡았던 것이다.

"전우의 시체를 넘고 넘어 앞으로 앞으로, 낙동강아 우지 마라, 우리는 전진한다~아……."

춤추듯 너울대는 여자애들의 몸짓을 따라 목청껏 노래를 부르다 보면 어느새 전날 싸웠던 화영이도 신나게 고무줄을 뛰고 있고 우리는 또 아무 일도 없었던 듯 어울려 놀았다.

잠시 옛 생각에 젖어 있던 나는 피식 웃음을 터뜨렸다. 그때의 가슴을 찌르는 아픔을 넘어서 이제 그 친구들과 추억을 이야기하는 사이가 된 지금은 오히려 천진했던 지난날들이 그리울 지경이다. 그래도 손에 들린 사지 없는 곤충의 몸뚱어리는 비감한 느낌이 있었다.

"그 시절 공기놀이니 고무줄놀이 하면서 함께 어울리지도 못했다면 나는 어떻게 됐을까? 내가 마테오 형처럼 아이들에게 끝까지 대항해서 꼼짝 못하게 할 수 있었을까?"

아무래도 그러지는 못했을 것 같다. 마테오 형은 내가 형제처럼 따르는 형이다. 그 형 또한 다리장애를 갖고 있다. 그 형은 어렸을 적 자기를 놀리는 친구들에게 철저하게 복수를 해서 아무도 자신을 업신여기지 못하게 만들었다는 의지의 한국인(?)이다. 빨리 뛸 수 없었던 형은 적을 코너에 몰아넣고 물귀신 작전으로 아이를 두들겨 패서 반쯤 죽여놨다는 것이다. 그 이후 아무도 감히 형을 놀리지 못했다고 한다. 나로서는 꿈도 꿀 수 없는 방식이다. 코피 터지는 싸움은 겁 많은 내가 저지르기에는 너무 무서워 피했을 게 뻔하다.

또 한번 실소를 금치 못하고 있는데 저만치에서 매표소 단골손님인 휠체어 아저씨가 다가오는 게 보였다. 나는 얼른 풍뎅이 시체를 주머니에 넣었다. 차마 쓰레기통에 버릴 수는 없고 나중에 풀숲으로 가져가서 흙이라도 덮어주고 싶어서였다. 그리고 그 시체를 휠체어 아저씨께 보이고 싶지는 않았다. 틀림없이 나와 같은 이유로 마음이 언짢아질 게 뻔했다.

"추운데 왜 나오셨어요? 로또 하러 오셨어요?"

"아니, 공원에 가려고. 답답해."

그러면서도 아저씨는 오그라진 손으로 돈을 집어 내놓는다. 50대로 보이는 아저씨는 나보다 훨씬 몸이 불편한 편이지만 외출도 자주 하고 전동휠체어로 혼자서도 잘 돌아다닌다. 나는 돈에 맞춰 아저씨가 늘 사시는 복권 몇 장을 내어주면서 말했다.

"어르신, 오늘은 바람이 많이 불어서 공원 안 가시는 게 좋겠어요."

"가지 마?"

"예에, 거기까지 갔다 오면 감기 걸리겠는데요. 옷도 얇고, 먼지가 많이 날려서 목에도 안 좋고."

"그래? 가지 마까?"

"예서 잠깐 콧바람만 쐬고 들어가세요. 위험하겠어요."

"응, 알았어."

아저씨는 늘 나의 말을 잘 듣는다. 나는 아기처럼 순하게 말 잘 듣는 아저씨를 잠시 쉬어갈 테이블 앞으로 밀고 갔다.

헹가래

언제나 근질근질한 발바닥은 저만치 앞서 가는 아이를 향해,

혹은 하늘가에 내뻗은 지평선을 향해,

똑바른 다리를 가진 모든 사람들과 나란히 가보라고 나를 부추겼다.

다리가 부서지는 한이 있어도 단 한 번만이라도 해보자고

내 가슴은 불타올랐다.

"햇빛 좋은 날 꽃이 있는 화분을 샀다. 알록달록 꽃잎이 너무 예뻐서, 보고 또 보고 물도 주고 햇볕도 뿌려주고, 창에 빗방울이 흐를 때 하나씩 떨구는 꽃잎조각에 가슴을 쓸어내는 슬픔을 본다……."

얼마 전 산 화분에 활짝 폈던 꽃이 뚝뚝, 모두 떨어져나갔다. 이름도 모르고 그저 예쁘게 핀 꽃이 너무 좋아 큰맘 먹고 화분을 샀던 것

이다. 꽃망울이 새로 터지는 모습을 바라보며 얼마나 즐거워했던 가. 그러나 한해살이 봄꽃의 목숨이 그렇게 다했다. 하나둘 꽃이 지고 마지막 꽃이 사라진 오늘, 나는 푸른 이파리만 앙상히 남은 어린 나무를 위해 시를 썼다. 한 시절 좋게 피었다가 봄이 끝나기도 전에 목숨을 다한 꽃들아 이제 안녕……. 나에게 몇 주 동안 기쁨을 안겨 준 꽃들에게 고맙기도 하고, 먼저 가버린 그 꽃들이 못내 서글퍼하지 않을까 싶어 어쩐지 애달팠다. 그들을 사랑했던 지난 몇 주를 돌이켜보며 그 꽃들에게 시를 써서 바쳤다. 시 제목은 '시는 나에게 풀꽃처럼 다가왔습니다' 이다. 프린트한 시를 매표소 벽, 자작시 게시판에 고이 붙였다.

"서운해하지 마, 지나간 내 시들이여."

지난 시를 벽에서 떼어내며 가볍게 말을 건넸다. 이제껏 게시되어 있던 '행복한 나그네 매표소' 시는 새로운 시로 교체됨과 동시에 시 묶음 파일에 스크랩될 것이다. 모든 시는 나의 생명과 같은 존재다. 하나도 버릴 수 없는 나의 자화상 같은 시들이여! 이때 어디선가 학생들의 목소리가 우렁차게 들려왔다.

"하나, 둘, 셋, 넷, 하나 둘 셋 넷, 하나 둘 셋 넷!"

주변 고등학교의 육상부 학생들이 줄맞춰 구보하는 모습이 보였다. 달리기엔 더없이 좋은 날이다. 쾌청하고 미풍도 알맞고 아직 뜨겁지 않은 시각이고. 도로를 따라 늘어선 야트막한 관목에선 알 수 없는 흰 꽃이 깊은 향기를 아릿하게 뿜어주고 있었다. 아이들이 기분 좋게 달릴 수 있겠다. 젊은 아이들이 가볍게 발걸음을 맞춰 뛰는 모습에 거리 가득 풋풋한 생기가 감도는 듯했다.

그들을 보자 갑자기 발바닥이 간지럽기 시작했다. 용천혈에 퐁퐁 솟아나는 그 무엇이 바로 달리고 싶은, 아니 날고 싶은 욕망이란 걸 어린 시절 일찍이 알아버린 나다. 나의 발이, 가슴이 들떠 올랐다.

내 다리는 양쪽의 길이가 다르다. 이런 발육상의 문제를 안고 있음에도 한때 나는 육상선수의 꿈을 가지고 있었다. 지금이라도 이렇게 진지하게 고백하는 나를 보고 세상 사람들은 어떻게 생각할까? 하지만 사실이었다. 초등학교 6학년 시절 나는 실제 육상부원이었고 한 번도 완주를 포기해본 적이 없는 만년 꼴찌 학생이었다.

아니 그 전에 그 무모한 꿈에 도전하게끔 나를 부추긴 행복한 날의 기억이 먼저 있었다. 지금도 생각하면 가슴 벅찬, 내 인생 최초의 '완전한 날'이었다.

그날도 난 늘 그렇듯 현실이와 영현이, 현정이, 혜경이 등이 고무줄놀이를 하는 틈에서 한쪽 끝을 잡아주는 고무줄 당번이었다. 마음이야 늘 축구를 하느라 아우성인 남자애들한테 쏠렸지만 난 역시나 열외였다. 동네에서 들로 산으로 뛰어다닐 때는 같이 다니던 녀석들도 축구공 찰 때만큼은 날 철저히 외면했다. 방향과 강약을 조절하며 달리고 공을 몰고 하는 일은 역시 나에게는 무리일지도 몰랐다.

"금강산 찾아가자, 일만 이천 봉, 볼수록 아름답고 신기하구나~"

고무줄 높이는 5단으로 올라서 턱 아래에 고무줄을 괴고 노래를 불렀지만 내 눈길은 오로지 축구를 시작하려는 사내애들께로 쏠렸다. 입으로는 자동으로 노래가 나오면서도 정신이 자꾸 딴 데 팔려서인지 고무줄 잡는 데만 신경 쓰다가 현실이 내 눈앞으로 발을 높이 들어올리는 순간을 놓치고 말았다.

"아얏!"

순식간에 현실의 발이 내 얼굴을 덮쳤고 그 자리에서 나는 얼굴을 싸안고 꼬꾸라졌다.

"어머 어떡해! 수명아, 수명아!"

현실이가 깜짝 놀라 내 어깨를 잡고, 같이 뛰던 아이들도 놀라 나를 감쌌다.

"고개 좀 들어봐, 많이 다쳤니?"

"세상에, 어떻게 해, 수명아 아프지. 미안, 미안!"

다행히 코피는 안 터졌지만 한쪽 눈과 뺨 언저리까지 벌건 자국이 선명했다. 눈과 볼, 턱이 얼얼하고 살갗이 벗겨져 있었다. 현실이는 울상을 짓고 연방 미안해 어쩔 줄 몰라하며 내 얼굴을 쓰다듬었다.

결국 고무줄 잡아주기를 포기하고 어슬렁거리며 편을 짜고 있는 사내아이들 곁으로 갔다.

"야, 장수명! 너는 가서 계집애들하고 고무줄뛰기나 할 것이지 여긴 왜 와?"

그저 아픈 얼굴을 달래며 축구 구경이나 하려던 것이었는데 남준이의 빈정거리는 말이 내 가슴에 불을 확 당겼다. 얼굴도 아파 죽겠는데 남의 염장을 지르는 녀석에게 갑작스레 오기가 뻗쳤다.

"누군 축구하기 싫어서 고무줄 하는 줄 알아! 나도 축구하고 싶어, 하고 싶다고! 나도 할 거야!"

"그럼 하지, 왜 안 해? 이리 와!"

의외의 목소리에 악을 쓰던 나는 순간 당황했다. 남준은 '어디 함부로!' 하는 식으로 눈을 부라리는데 정작 영관이가 아무렇지도 않게 나를 불렀다. 그 순간, 갑자기 말문이 턱 막혔다.

"야아, 쟤를 어떻게 시켜?"

남준이가 말도 안 된다고 반박하고 나섰지만 나는 얼른 그 말끝을 채고 나섰다.

"나, 나도 나도 할 거야, 축구."

"너 축구하고 싶어?"

"그럼! 당연하지!"

영관이는 전학온 지 얼마 되지 않았지만 키도 크고 의젓한 데다 만능 스포츠맨이었다. 금방 아이들과 친해져 축구도 하고 야구도 했는데 아이들도 영관이를 잘 따르고 어울렸다. 그런 영관이가 지금 나 보고 축구를 하라고 말하고 있었다.

"그럼 해. 달리기 못하면 골키퍼하면 되잖아. 희철이 오늘은 골키퍼 하지 말고 오른쪽 날개 맡아."

"그럼 난 뭐 하고?"

원래 오른쪽 날개인 민재가 제지하고 나선다.

"중앙으로 내려오면 되잖아. 중앙도 보강되고 더 좋지 뭐. 넌 수비도 공격도 다 잘 하니까."

나는 믿을 수가 없었다.

'정말? 나를 축구시합에 끼워준다고? 이렇게 간단하단 말야?'

꿈만 같아서 하늘이라도 날 기분이었다. 남준이도 아이들도 영관이의 결정을 아무렇지 않게 받아들였다. 고무줄놀이의 부상 때문에 갑작스런 인생 전환이 찾아온 것이다.

이 축구시합은 내 생애 최초로 희열과 환희, 감동이 삼박자를 이룬 끝내주는 시간이었다. 전반전 중반을 넘기면서 실력 좋은 영관이가 속한 우리 편이 선취골을 넣었다. 나는 골키퍼 자리에서도 경기를 열심히 살피며 바삐 움직였다.

'절대로 골을 먹지 않을 테다.'

군은 각오로 팀을 응원하며 골대를 지켰다. 전반전 끝 무렵 드디어 나에게 기회이자 위기의 순간이 찾아왔다. 발 빠른 경만이가 수비를 제치고 오른쪽에서 치고 들어왔다. 영관이가 발이 미끄러지는 바람에 운 좋게 공을 지킨 경만이가 골대를 향해 돌진해왔다. 완전히 노마크로 들어오는 경만이를 맞이하며 나는 뚫렸다는 두려움보다는 맞대결의 설렘을 더 강렬하게 느끼고 있었다.

드디어 경만이가 공을 찰 때 나는 당황하지 않고 공을 끝까지 바라보았다. 그러자 축구공이 농구공만 하게 보이면서 포물선을 그리는 위치가 정확하게 눈에 그려졌다. 나는 옆으로 몸을 날렸고 농구공만 한 축구공을 답삭 가슴에 안았다. 몹시 세차게 바닥에 떨어지면서 골대에 부딪히기까지 했지만 아픔을 전혀 느끼지 못했다. 그저 머릿속에 공만이 가득 차 있었다.

와아아!!!!

함성이 천둥처럼 울렸다. 곧 영관이와 아이들이 우르르 내게로 달려들었다. 내 눈에는 아이들이 느린 동작으로 달려오는 것 같았다. '잡았어, 잡았어' '수명이가 해냈어' '잘했어' '최고야' 라고 소리 지르는 목소리가 둥둥 울려대고 정말로 내 몸이 두둥실 하늘로 떠올랐다. 그리고 다음 순간에 정말로 나는 하늘을 날고 있었다.

아이들이 헹가래를 치고 있었다. 멀미라도 하듯 푸른 하늘이 가까워졌다 멀어졌다 정답게 굴었다. 가슴이 터질 것만 같았다. 골을 막 아내고 지금 아이들의 칭찬을 받고 있다니! 미칠 듯이 좋은 날이었다. 뻐근한 흥분을 올올이 만끽하고 아이들의 손도장을 짜릿하게 온 몸에 새겼다.

"후반전도 잘 부탁해!"

아이들의 격려로 후반전 내내 내 활약은 계속됐고 그날 한 점도 허용하지 않은 채 시합을 마무리했다. 내 생애 최초의 가장 완벽한 날이었다.

"완벽한 데뷔전인데?"

"수명이 너 진작 축구 할 걸 그랬다."

"와, 다시 봤어. 우리가 져서 아쉽지만, 너 대단하더라."

가슴이 뿌듯했다. 그날 나는 용솟음치는 희열을, 몸이 타는 듯한 환희를 생전 처음 경험해보았다. 터질 듯한 감정을 느끼면 온몸에 소름이 돋고 흥분으로 가슴이 사무친다는 것도 그때 처음 알았다.

분명 그날 때문이었다. 내가 굳이 육상부에 든 것은, 턱도 없어보이던 육상선수의 꿈을 가져본 것은. 결국 이룰 수 없는 '꿈'에 머무르고 말 것을 어쩌면 처음부터 알고 있었는지도 모른다. 하지만 나는 날마다 굵은 땀방울을 뿌리며 열심히 뛰었고 늘 완주했고 늘 꼴

찌를 했다.

언제나 근질근질한 발바닥은 저만치 앞서 가는 아이를 향해, 혹은 하늘가에 내뻗은 지평선을 향해, 똑바른 다리를 가진 모든 사람들과 나란히 가보라고 나를 부추겼다. 다리가 부서지는 한이 있어도 단 한 번만이라도 해보자고 나의 가슴은 불타올랐다.

아무리 해도 이루어지지 않는 꿈 때문에 괴로웠고 처절했지만, 결국 그 꿈 때문에 아마 한 번도 쉼 없이 오늘날까지 올 수 있었으리라. 오늘은 날마다 꼴찌로 지쳐 들어오던 나를 향해 체육 선생님이 불끈 쥐어주던 한주먹이 몹시도 그리운 날이다.

나머지 공부

"얘들아, 배고프지. 저기 학교 앞에 '행복한 나그네 매표소' 형인데 너희들 이거 먹고 해라."
작은 과자와 한낱 볼펜은 그 후에 아이들과 매표소를 이어주는 사랑이 되었다.
작은 사랑이 사랑을 낳고, 또 낳으며 우리를 행복하게 해주었다.
그 후로도 오랫동안…….

유난히 석양이 붉었다. 육교 너머 걸린 태양이 발그레한 어린 아
이 뺨처럼 어여쁘게 물들었다. 낮에보다 훨씬 커 보이는 태양이 사
알살 뒷걸음질하듯 가라앉고 있었다. 태양이 길게 거느린 구름송이
들은 홍조 머금은 황금빛으로 물들어 오늘 하루 작별을 고하는 의식
을 치러내고 있다. 살긋살긋 태양을 감추며 하늘가를 장식한 그것들

이 어찌나 아름다운지 오래 바라보기엔 너무 슬펐다.

저 태양이 지면 온 세상이 다 고요해지는 것은 아닐까, 잠시 착각도 해보며 나는 오늘도 정류소에서 하늘을 바라보는 한 아가씨의 옆얼굴을 살짝 훔쳐보았다. 석양빛으로 물들어 반짝이는 젊은 여자의 얼굴이 어찌 그렇게 아름다운지!

그네들이 노을빛 속에 섰다가 노을빛으로 유리창이 붉게 물든 버스를 타고 스르르 떠나버리면 나 또한 옛날에 그랬던 것처럼 배낭 하나 달랑 메고 훌쩍 떠나버리고만 싶었다. 석양은 언제나 나그네의 발길을 더욱 먼 곳으로 먼 곳으로 유혹한다.

마지막 빛을 발하는 태양 아래 앞마당 담장의 빨간 장미는 더욱 붉게 타올랐다. 낮 동안 숨겨두었던 햇빛을 내쏘는 것일까. 선연히 붉은빛이 처연하여 그것 역시 슬펐다.

해질 무렵, 전에 이 동네에 살다 이사 간 박진희 씨가 오랜만에 들렀다. 오랫동안 가까이 지내던 사람이 동네를 떠나고 나니 무척 허전했었다. 날마다 하루에도 몇 번씩 보던 얼굴이 사라지는 것은 참 낯선 일이다. 매표소 초기부터 나를 격려해주고 예뻐해준 누이가 멀리 갔다는 게 그렇게 아쉬울 수가 없었다. 그이 때문에 석양빛도 장밋빛도 그리 슬퍼 보인 걸까.

누이가 돌아간 뒤 심란한 기분에 하늘빛도 적막하여 울적한 마음을 못 추스르고 있는데 아이들의 재잘거림이 들렸다. 이 시간에 학교에 남아 있을 일이 없을 텐데 웬일인가 하는 사이 두 아이가 가까이 다가왔다. 그 중 한 아이는 현숙 누나의 아들인 봉호의 친구였다.

"형, '뿌셔뿌셔' 하나 주세요."

"어우, 너희들 여태 집에 안 가고 있었어?"

"시험이 코앞이에요."

"세상에, 공부하느라고? 대견하기도 하지."

이 시간에 공부하겠다고 남은 아이들을 보니 솜털 바르르한 새끼 병아리를 보는 것 같은 심정이다. 순간 한 가지 생각이 퍼뜩 내 머리를 스쳤다.

"얘들아, 교실에 몇 명이나 남아 있니?"

"한 열 명쯤요."

아이들이 돌아간 뒤 나는 '뿌셔뿌셔' 과자 한 박스를 따로 빼놓고 날이 어두워지기 전, 간단히 저녁 청소를 마쳤다. 이따 돌아올 때를 생각해서 달덩이 같은 간판등도 먼저 켜두고 셔터를 반만 내려놓은 채 과자상자를 어깨에 둘러메고 학교로 향했다.

태양은 이제 제 모습을 완전히 감춘 채 하늘 가장자리에 붉은 허리띠를 잔영처럼 걸쳐두었다. 허리띠를 따라 드러난 도시의 스카이라인이 그 빛을 후광삼아 검은 실루엣으로 줄지어 섰고 아직 푸르스름한 머리 꼭대기의 하늘은 붉은 허리띠를 향해 잔잔하게 빛이 바래지고 있었다. 삼색이 교차하는 하늘 속으로 걸어 들어가는 동안 울적했던 기분은 어디론가 날아가고 지금부터 하려는 일을 생각하니 갑자기 신바람이 났다.

나도 중학생 때 늦게까지 학교에 남아 공부를 해본 적이 있다. 소위 나머지 공부 말이다. 중학교에 입학하고서 나는 호된 적응기를 치러야 했다. 나는 몸이 불편하다는 이유에서 부천 시내 어느 학교나 선택할 수 있는 혜택이 있었는데, 그만 어눌한 내 발음 때문에 동네 친구들 다 들어가는 부천중학교가 아니라 엉뚱한 북중학교로 진학했던 것이다. 내 잘못으로 그리 되고 보니 스스로를 자책하지 않을 수 없었다. '역시 나는……' 하는 자괴감에 빠져들었고 무엇보다도 아는 얼굴 하나 없는 새 학교에 적응하기가 무척 힘들었다.

끼리끼리 모여 놀면서 나를 흘낏거리며 쳐다보는 아이들의 시선, 유난히 눈에 띄는 나의 장애, 낯선 아이들 속에서 말을 붙이지도 못하고 홀로 버려진 느낌만 가득하던 외롭던 시기. 그런 와중에 몇몇 아이들은 나를 공터로 데려가 주먹다짐을 했다.

"왜, 왜 그래!! 내가 뭘 잘못했다고!"

울며 반항하는 나에게 애들은 너무도 간단하게 대답했다.

"그냥! 그냥 기분 나쁘니까."

이유는 없었다. 단지 내가 남들과 좀 달라서? 눈에 띄어서? 혹은 주눅 든 모습이 싫어서? 어떤 이유에서든 그것이 동급생에게 일방적인 린치를 당해야 할 이유가 되지는 않을 터였다. 그러나 나는 바로 그런 이유 같지 않은 이유들로 백주에 주먹질과 발길질을 당했다.

"어쭈구리, 반항하냐? 반항해?"

"아으, 병신!"

"야, 너 앞으로 잘해."

"까불지 말고 알아서 해."

뭘 잘하라는 것인지, 뭘 알아서 하란 건지 아이들은 자기들 마음대로 지껄이고는 흙더미에 나를 내동댕이친 채 시시껄렁한 폼을 잡으며 가버렸다. 중과부적衆寡不敵이었다. 오기만 창창했던 내 마음을 갈가리 찢어놓은 처참한 테러였다.

죽을 것 같은 고독과 슬픔으로 고통스런 신학기를 보냈다. 공부도 사람도 학교도 아무것도 나를 붙잡아주지 못했다. 결국 네 번째 맞는 국어시간, 일은 터지고야 말았다.

"어디, 누가 읽어볼까. 장수명! 23쪽부터 한번 읽어보세요."

당시 국어선생님은 내 담임인 김경희 선생님이었다. 젊고 아리따운 선생님이 나를 호출하는 순간 수십 개의 눈동자가 내게 쏠렸다. 늘 호기심과 경계를 품은, 외면어린 시선만 보내던 눈들이 오늘은 흥미로움마저 부추기며 날 주시하고 있었다.

당혹스럽고 아주 많이 외로웠다. 막막했다. 아무도 내 편이 없구나, 하는 생각이 스치는 순간 쿨렁쿨렁 예기치 못했던 울음이 목구멍을 타고 넘었다. 나 자신도 제어할 수 없는 서러운 울음이 소리도 없이 조용하게, 하지만 너무나 강렬하게 내 온몸에서 새어나왔다. 엎드려 울음을 터뜨리는 나에게 아이들의 시선 따윈 이제 문제가 되지 않았다. 이 모든 슬픔과 고통은 바로 너희들 책임이라고, 그 울음은 그렇게 강력하게 항변하고 있었다.

그때 젊은 여선생님은 얼마나 놀라셨을까? 지금 생각하면 참 미안하기 짝이 없지만 아직도 그때의 서러운 기분만은 생생하게 느낄 수 있다. 세포란 건 참으로 놀랍지 않은가! 그 서럽고 질긴 기억을 이리 오래 간직하고 있다니.

그 이후 젊은 여선생님은 방과 후에 학습 능력이 다소 모자라는 아이 여덟 명쯤을 남겨서 매일 국어공부를 시켰다. 초등학생모양 단어시험을 보고 받아쓰기를 하고 책을 읽는 그 수업은 1학기가 끝날 때까지 계속되었다. 그때 선생님이 주신 관심과 애정은 나를 차츰 안정시켰고 학교에 적응하게 해주었다. 아이들이 여전히 나를 놀리고 귀찮게 했지만 집단 구타나 노골적인 따돌림은 없어지고 점차 잘 어울리게 되었다.

그동안 공부에 담을 쌓고 동화책이나 뒤적였던 나는 본격적으로 책 읽는 일에 흥미를 느꼈다. 이후 책읽기는 내 생활에 중요한 부분이 되었고 나의 생각에 큰 영향을 끼쳤다. 그래서 당시 나머지 공부 추억은 외롭고 두려웠던 낯선 곳에서 내게 비춰진 한 줄기 따스한 햇살로 가슴속에 남았다.

지금 자발적으로 야간자습을 하고 있는 학생들을 찾아가며 그때 느꼈던 그 따스함의 한 조각이라도 아이들에게 나눠주고 싶었다. 교정에 들어서 잠시 옛 생각에 젖었던 나는 봉호의 친구를 찾아 불을 밝힌 1학년 3반 교실로 들어섰다. 소리를 내기 미안한 마음에 살며시 움직였지만 곧 아이들의 시선이 내게 쏠렸다.

"얘들아, 배고프지. 저기 학교 앞에 '행복한 나그네 매표소' 형인데 너희들 이거 먹고 해라. 공부 열심히 하는 너희들한테 이거라도 주고 싶어서 그러니까 나눠 먹어."

아이들이 좀 겸연쩍은 얼굴로 서로를 바라보았다. 그 중 봉호 친구와 몇 명의 아이들은 늘 매표소에 찾아오는 친숙한 얼굴들이다.

"저희는 괜찮아요. 장사하시는 건데……."

"아니야, 내가 주고 싶어서 그런 거니까 그냥 받아. 열심히 하고."

아이들이 어색해할까 봐 얼른 과자를 주고 돌아서 나오면서 마음이 흐뭇하기 짝이 없었다.

"저기 아저씨! 아니 형! 그럼 잘 먹을게요. 고맙습니다!"

복도를 나서는데 아이들이 문을 열고 외쳐댔다. 답례로 손을 번쩍 들어 보이며 학교를 나섰다. 녀석은 분명히 나에게 '아저씨' 라고 불렀다가 아이스 바를 놓고 실랑이를 벌였던 녀석이 틀림없다. 멋모르고 처음 나를 '아저씨' 라고 부르는 신입생들을 교육시키느라 3월에 꽤나 바쁘지 않았던가.

'이래 봬도 아직 장가도 안 간 총각인데 아저씨 소리 듣기는 억울하지. 형이 좋아, 형! 얼마나 다정하고 기쁜 호칭이냐 말이다. 흐흐흐, 교육을 제대로 받았군. 짜식.'

교실을 나서면서 혼자 실실 웃음을 흘렸다. 이제 교정은 완전히 어둠에 덮여 있었다. 오랜만에 교정을 걷는 기분이 상쾌했다.

그런데 다음 날 나 모르는 사이에 누군가가 신발 속에 몰래 쪽지를 두고 갔다.

"To 열심히 일하시는 매표소 형께……

안녕하세요. 저희는 어제 형께서 주신 과자 한 박스를 받은 학생들입니다. 어제는 정말 감사했습니다. 하지만 어제 과자 한 박스를 받은 뒤에 많이 생각해 보았습니다. 과연 우리가 그 과자를 받아야 하는지에 대해서요. 결론은 받지 않았어야 된다는 것이었습니다. 성의는 정말 감사하지만 그 '성의' 가 저희에게는 좀 과한 듯싶습니다.

그래서 아저씨가 주신 과자는 저희가 먹고 그에 해당하는 돈을 준비했습니다.

저희를 건방지다고 생각하지 마시고 받아주세요. 이런 결정은 저희가 최송해

서 그런 것이니까요.

그럼 안녕히 계세요. 또 감사하고 최송하다는 말씀을 올립니다.

참고로 저는 중흥중 짱입니다."

중흥중 짱? 공부로 짱은 아닐 것 같고 주먹으로? 재미있어서 웃음
이 절로 났다. 참 예의바르다고 생각하면서도 한편으론 섭섭했다.
이런 걸 바란 게 아니었는데 아이들은 부담스러웠나보다. 그래도 진
심으로 성의를 보인 일에 돈으로 대가를 받는다는 것은 말도 안 되
는 일이다.

오후에 그 돈으로 볼펜 네 다스를 사들고 교무실을 찾았다. 담임
선생님을 뵙고 어제의 일을 말씀드리자 선생님도 픽 흐뭇해하셨다.
그렇게 볼펜은 아이들 손에 들어갔고 담임선생님은 내게 포근한 양
말을 선물해주셨다. 꼬박 답례를 받은 것이 마음에 걸리긴 했지만
따뜻한 마음이 오가는 것이 참 좋았다.

그래서 생각 끝에 전혀 금전적인 부담이 없는 나만의 비법을 썼
다. 가장 인기 있는 자작시를 예쁘게 코팅하여 선생님께 선물한 것

이다. 선생님은 책상 유리 밑에 그 시를 넣고 언제라도 볼 수 있게 해놓으셨다. 이렇게 해서 나와 중학생들의 즐거운 선물 릴레이는 겨우 끝을 맺었다.

작은 과자와 한낱 볼펜은 그 후에 아이들과 매표소를 이어주는 사랑이 되었다. 작은 사랑이 사랑을 낳고, 또 낳으며 우리를 행복하게 해주었다. 그 후로도 오랫동안……

여름

푸르른 공동체 안에서

숨 쉬 다

스무 살, 첫 산행

"비록 산에서 쓰러져 죽게 된다 해도 한번 해봐야겠어.
해보지도 않고 평생 후회하며 살 수는 없으니까.
그러고도 안 되는 거라면,
그렇담 인정할 수 있어."

앞마당에 매미소리가 요란하다. 햇빛 쨍쨍한 날, 매미가 잘도 울
어댄다. 이런 날은 날씨가 화창할 징조라는데, 아침부터 울어제치는
양이 역시나 맑고 쨍쨍한 하루를 예고하고 있다. 봄기운 녹아나던
보드라운 햇빛은 사라진 지 오래다. 뜨거운 열탕 같은 양지녘에서는
따갑게 내리쬐는 햇살에 눈도 몸도 모두 따갑다. 내가 좋아하는 앞

마당은 이제 초록 우거진 무성한 쉼그늘이 되었다. 연하디 연하던 나무에 나날이 짙은 엽록소가 덧칠해지더니 앞마당은 어느새 장대한 숲을 꿈꾸듯 자랑스럽게 버티고 서 있다. 나는 지금 초록 우거진 나무와 풀을 대견스럽게 바라보고 있다.

"오늘은 유난히도 울어대는구나. 그래 니들도 장가가야지, 어떻게 태어난 생명인데. 너희들은 암컷이 찾아오고, 나한테는 누가 오려나?"

소나무와 큰나무들은 무성해진 초록 손바닥들을 화알짝 펼쳐 해를 가려주고 있다. 바람이라도 불어오면 앞마당의 나무들은 자글자글 손뼉을 치면서 햇빛을 희롱한다. 그래서 햇빛은 나에게까지 뻗어오지 못하고 싱싱한 초록그물에 걸리어 이리저리 몸살을 치고 있다. 나는 유리 같은 빛살이 깨져 '쨍그랑쨍그랑' 소릴 내며 바닥으로 곤두박질치는 햇살의 메아리를 듣고 있다. 그렇게 잎새과 햇살이 노니는 그늘 아래 들어서면 내 몸에 잎살의 손도장이, 햇살의 유리조각이 수런수런 박힌다. 이렇게 한가로운 여름 오후, 그 얼룩의 재잘거림을 즐기는 시간이 유쾌하기 그지없다.

요즘은 아침 청소만 해도 후줄근하게 땀에 젖고 만다. 아침에 매표소 문을 열 때만 해도 춥고 어두컴컴했던 때가 엊그제 같은데 이제는 해도 동동 훤하고 오가는 사람들도 많아서 좋다. 덕분에 아침부터 한바탕 땀을 흘리고 나면 혼자만 벌써 한여름을 맞은 듯하지만 이런 여름을 마음에서, 몸에서 떼어버릴 수 없는 노릇이다. 이때는 그저 몸을 놀리는 게 상책이다. 대충 이마와 목줄기에 타고 흐르는 땀을 닦아내고, 앞마당 그늘 속으로 숨어들면 그만이다.

음악이 흘러나오고, 길가는 나그네들의 쉼터가 있는 '행복한 나그네 매표소'는 확실히 낭만적이다. 그러나 벌건 여름 한낮 햇빛에 달구어진 매표소는 그야말로 찜통이다. 사각의 컨테이너 박스로 이루어진 가건물의 비애가 바로 여기 있다고나 할까. '이제 한여름엔 어떻게 보내지……' 나는 벌써부터 걱정이 태산이다. 창문도 출입문도 활짝 열어놓았지만 하늘의 햇살, 도로변의 열기마저 그대로 건물 안으로 파고드는 여름의 매표소는 주인이자 시인인 나 장수명도 못 당한다.

점심시간이고 하교시간이고 학생들은 아이스박스에 우르르 몰려들어 차가운 것을 찾았다. 박스 안으로 꺼꾸러질 듯 여러 놈이 한꺼번에 머리를 들이박고 있는 모습은 가히 볼만했다. 한마디로 징그럽게 사랑스럽다.

"야들아, 야들아 순서대로 줄서자 우리!"

이렇게 시끌벅적한 아이들의 재잘거리는 소리가 몇 차례 지나고 나면 그제야 나는 다시 큰 나무 그늘 아래를 찾아든다. 발 아래로 폭

신한 토끼풀을 느끼며 하얀 튀밥처럼 흩어져 있는 토끼풀꽃에 저절로 눈길이 머문다.

'나는야, 행운아!' 이미 여러 개의 네잎 클로버도 찾아두었고 맘에 드는 세잎 클로버도 조심스럽게 떼어낸다. 이제 살짝 물기만 마르면 예쁘게 코팅하는 일만 남는다. 사랑하는 내 님, 고마운 이들에게 선물하려고 준비하는 나의 바쁜 손놀림은 더운 여름에도 계속되고 있다. 그런 생각을 하며 클로버 잎을 고르고 있다가 반가운 전화 한 통을 받았다.

봄에 입대한 동훈에게서 온 전화였다. 중학생 때 담배를 사겠다고 매표소 앞에 버티고 섰던 그 까까머리 꼬마가 이제 어엿한 청년이 되어 군대를 간 것이다. 그때 내가 아무렇지 않게 담배를 팔았다면 지금같이 호형호제하는 친구로 남을 수 있었을까.

"형, 여기 오니까 거기 모든 게 더 생각나고 보고 싶고 그래요. 매표소도 가고 싶고요."

"군대 가면 철이 든다더니 너도 그런가 보다?"

"정말 그런가 봐요. 휴가 나가면 꼭 봐요 형!"

"나야 언제나 내 자리에 있지."

"그래서 좋아요. 형, 곧 찾아갈 테니까 매표소 잘 지키고 있어요."

"그래. 이동훈 이병, 조국을 부탁한다. 몸조심하고!"

그렇게 반가운 통화를 하고 나자 동훈이 주현이, 군대 간 아이들이 그리웠다. 그리고 한편으로는 그들과는 너무도 달랐던 내 스무 살 적 그 시절이 아릿하게 떠올랐다. 그 아이들과는 또 다르게 아프고 힘들었던 그 시절.

나 또한 군 입대를 위한 신체검사 통지서를 받았다. 친구들이 하나둘 입대를 하던 그 시절 나에게는 군 입대가 바로 지상과제였다. 고등학교까지 일반학교를 다니면서 무엇이든 남들과 같이 해본 나에게 군 입대는 스무 살을 통과하는 어떤 관문과도 같은 것이었다. 그것은 인생의 한 획을 긋는, 중대하고 꼭 이루어야 할 그 무엇이었다. 학교를 졸업하고 사회로 나온 첫 해, 내 앞에 가로놓인 첫 번째 시험대와 같았다고나 할까.

의정부 훈련소까지 신체검사를 받으러 간 날 다소 긴장되었지만 마음만은 굳게 다잡고 있었다. '꼭 이 관문을 통과하리라.' 이미 결심을 굳힌 터였다. 본격 심사 전에 부적격자를 추려내는 일이 선행됐다.

"장애가 있는 사람은 줄 옆으로 나온다."

가슴을 졸이느라 바짝 입 안이 말랐지만 나는 나가지 않았다. 이어지는 병자 색출, 외아들 색출, 평발 색출 등을 거쳐 여러 동작시험에서도 꿋꿋이 잘 해냈다. 그러나 결국 올 것은 오고야 말았다.

"두 손을 들고 열 손가락을 쥐었다 편다. 실시!"

그러나 나의 오른손은 그 말을 따를 수 없었다. 움찔움찔 꿈틀대는 오른손에 붙어 있는 마비된 손가락은 마지막 고비에서 내게 탈락의 고배를 안겨주었다. 여지없이 줄 밖으로 내몰리며 콧등이 시큰했다. 나의 자존심은 이미 상처받고 있었다.

'그래, 이런 손가락으로는 총을 잡을 수 없어……'

'나는 정말, 아무것도 아닌 걸까?'

나의 몸이 싫었다. 그 몸 때문에 초라해지는 것은 더욱 싫었다. 그러나 아무리 노력해도 굳센 의지만으로 모든 것이 이루어지는 것은 아니었다.

결국 나는 산을 올랐다. 생애 첫 산행을 무모하게 도봉산 완주에 도전했다. 모든 걸 훌훌 떨쳐버리고 산 정상에 서서 맑은 바람에 나를 헹구고 싶었다. 그곳에서라면 좌절의 조각들을 깨끗이 날려버리고 새롭게 씻김을 받을 것 같았다.

'길이가 맞지 않는 다리로 저 산을 오를 수 있을까. 꼭대기에 올라서기도 전에 근육경련이라도 일으킨다면……. 내가 정말 기절하지 않고 저 산을 넘을 수 있을까.'

온갖 상념과 두려움으로 가슴속이 복잡한 가운데서도 한 가지 생각은 분명했다.

"비록 산에서 쓰러져 죽게 된다 해도 한번 해봐야겠어. 해보지도 않고 평생 후회하며 살 수는 없으니까. 그러고도 안 되는 거라면, 그렇담 인정할 수 있어."

집을 나설 때 극구 산행을 말리는 어머니에게 내가 진심으로 한 말이었다. 그리고 12시간의 혹독한 싸움. 절룩이는 다리를 끌고 비탈을 오르고, 미끄러지고, 주저앉고, 뻣뻣한 다리를 끌며 오르고 또 올랐다. 그렇게 오르는 동안 시간은 마치 영원히 끝나지 않을 것만 같았다. 나의 첫 산행은 입 안의 단내와 후끈한 등짝의 열기, 입술로 타고 흐르던 찝찌름한 땀으로 뒤범벅되었다. 코끝을 타고 흘러 입술을 적시던 그 짜디짠 땀의 맛! 평생 잊을 수 없을 것이다. 그렇게 산 정상에 올랐을 때 나의 눈에서는 한 줄기 굵은 눈물이 흘렀다.

"최선을 다했어. 내 모든 힘을 다 바쳤지. 이것이 바로, 내 모습이다!"

그 순간, 몸과 마음이 새털처럼 가벼워졌다. 꼭대기에 올라 다른 많은 산봉우리들을 내려다보았다. 하나하나가 각기 다른, 수많은 꼭대기로 이루어져 있었다. 그리고 그곳을 오르는 수많은 사람들이 있었고, 나 또한 그들 중 한 사람이었다. 예전엔 그랬다. 저기 저기, 저 산 꼭대기는 내가 결코 올라갈 수도 도달할 수도 없는 곳이라고. 도전해보지도 않고 포기부터 해버렸다. 그러나 이제 죽을힘을 다해 도

달한 산 정상에서 저 멀리 풍경을 내다보며 "이제 난 해냈어." 하고 외치고 있었던 것이다.

그 하루의 고행은 나에게 의미 있는 훈장을 남겼다. 내 몸속에 셀수 없는 상처와 경련, 탱탱한 물집이 산행의 증거로, 흔적으로 남았다. 산 정상에서 바라본 하늘은 더없이 높고 푸르렀다. 바람은 어느새 불어와 눈물을 씻어주었고, "이제 다 왔어요, 힘내요." 라고 말해주던 산사람들의 힘찬 목소리, 그리고 그들과 악수하던 순간은 지금도 나의 손에서 맥박치고 있는 듯하다. 정말 죽을 것 같았던 그 산행이 내 마음을 자유롭게 풀어주었다. 인생의 새로운 관문을 넘어서, 새로운 세상으로 향하는 문이 열리고 있었다.

그 후로 2년. 남한 땅의 산이란 산에는 모두 나의 발길이 닿았다. 혼자서 뚜벅뚜벅 걸어 오르내리는 동안 내 근육은 단단해졌고 심장은 힘차게 박동쳤으며 마음은 야무지게 영글었다.

"행운의 클로버 하나 주서!"

갑작스런 목소리에 상념에 빠져 있던 나는 깜짝 놀랐다. 매표소 앞에서 경희 누나가 마당 쪽으로 걸어왔다. 내가 첫 직장을 다닐 때 열심히 드나들던 가톨릭노동사목에서 만난 그녀는 십년지기 친구다. 남편인 강민 형 역시 노동사목의 동료였고 산악회에서 함께 산행을 즐긴 사이로 지금도 여전한 나의 오래된 산동무다.

"또 행운을 찾느라고 그렇게 땅에다 코를 박고 있니?"

"아니, 잠깐 한눈 좀 팔았어요. 그런데 누나는 왜 혼자야? 형은 어쩌고?"

"안 그래도 여기서 만나기로 했다. 너하고 북한산행 상의도 해야 한다며."

"응, 코스 때문에. 형이랑 나랑 좋아하는 코스가 다르거든."

시댁이 이 근처인 경희 누나 부부는 매표소를 자주 찾는 편이다. 시댁에 오갈 때는 꼭 들러서 나와 시간을 보내며 다음 산행을 의논하기도 한다.

처음에 경희 누나 덕분에 나는 혼자만의 산행을 끝내고 산악회 사람들과 어울리고 노동사목에도 참여하게 되었다. 그저 학교친구와 동네친구가 전부였던 나는 수많은 다양한 사람들을 친구로, 동료로 만날 수 있었다. 이전과는 전혀 다른 새로운 삶의 즐거움에 새록새록 물들어가던 그리운 시절이기도 했다.

"넌 네잎 클로버를 어떻게 그렇게 잘 찾니?"

"글쎄, 그게 잘 보이더라구. 내가 행운아라서 그런가?"

"네가 행운아라고? 아니야, 넌 사람들한테 행복을 가져다주는 사람이지. 여기서 웃어주는 것만으로도 넌 충분히 자격이 있어."

누나가 활짝 웃으며 말을 고쳐준다. '행복을 가져다주는 사람' 이

라고. 내가 사람들에게 선사하는 웃음만으로도 나는 행복할 자격이
있단다. 참 기분 좋은 칭찬이다. 누나와 함께 만족한 웃음으로 행운
의 잎을 찾는 사이 강민 형이 버스에서 내려 '어이!' 하며 우리를 향
해 손을 번쩍 든다.

고통을 삼키는 청춘

박스가 첩첩이 쌓인 창고 한 구석.
나는 좀더 박스 깊숙이 몸을 숨기고 앉자마자 그만 울음을 터뜨리고 말았다.
그동안 이를 악물고 참았던 뜨거운 눈물이 용솟음쳤다.
아무에게도 보이고 싶지 않은 눈물이었다. '왜 나만 이렇게 사는 게 어려운 거야.'

아침인지 저녁인지 분간하기 힘들게 어둑어둑해지고 있었다. 처
음 빗줄기 시작될 때는 난타의 장면이 연상되듯 빗방울 튀기는 소리
가 장쾌하기도 하더니 사흘째 내리긋는 빗줄기에 그만 질색할 정도
였다. 해마다 오는 장맛비는 늘 물난리 걱정에 몸살을 앓게 하더니
올해도 예외는 아니었다. 며칠씩 퍼붓는 비에 지방 곳곳에 산사태가

나고 물이 넘치는 등, 위협을 주는 자연 앞에 인간들은 그저 속수무
책 전전긍긍이었다.

오늘은 정말 손님이 없다. 영현이도 오늘은 못 올 모양이다. 초등
학교 동창인 영현이는 매일 아침 도시락을 매표소에 두고 갔다가 여
기 앞마당으로 밥을 먹으러 오는 친구다. 일터가 아주 가까운 곳이
라 나도 보고 피크닉 즐기듯 야외에서 밥 먹는 맛도 좋다고 하지만
정작 내가 더 도움을 많이 받는다. 영현이가 매표소를 봐주는 동안
나는 은행도 가고 화장실도 가고 힘들 땐 잠깐 눈도 붙일 수 있다.
주부 특유의 넉넉함 때문에 맛있는 반찬과 국을 잘 얻어먹는 것도
큰 덕이다.

늦게야 혼자 점심을 먹고 갑갑하여 한 차례 앞마당으로 나섰는데
우산을 뚫을 듯 덤벼드는 억센 물소리에 귓가가 쟁쟁했다. 비를 머
금을 대로 머금은 사랑스런 앞마당. 물기 오른 젖살 통통한 가지들,
깨끗하게 얼굴 씻은 나뭇잎들……. 어쩌나 초롱초롱한지 금방이라
도 초록 수액이 뚝뚝 흐를 것 같아 눈이 무를 지경이었다. 힘찬 빗줄
기에 땅이 한껏 패이고, 뚫린 흙바닥은 빗물과 함께 후두둑 후두둑
몸을 섞고 있었다. 거센 물줄기에 머리카락을 헹구는 토끼풀 무더기
는 그래도 아직 물줄기를 반기는지 저희끼리 엉겨 선 발목 아래로
잘박잘박 정다운 시늉을 보낸다.

억수 같은 빗속에 춤지도 않은지 당당하게 서 있는 육교는 웅장하기조차 하다. 그것은 참으로 의젓하게도 서 있다. 반대로 의지할 곳 없이 혼자 서 있는 어린 가로수. 어쩐지 애처롭기 그지없다. 매라도 맞는 듯 오들오들 떨며 휘청이는 모습을 바라보며 나는 한숨지었다. "아이야, 너 이 비가 정말로 견디기 힘든가 보구나. 좀만 참아봐라, 좀만 참아! 비님 이제 제발 그만 좀 내리소서."

난 억수로 쏟아지는 비를 뒤로 하고 다시 매표소 안으로 들어왔다. 손님도 없고, 한 평 남짓한 매표소 안은 갑자기 정적에 휩싸였다. 늘 그렇듯 음악을 틀고 책을 집어들었다. 조용한 기타 선율을 타고 책을 읽다 보니 스르르 눈이 감겼다. 잠시 꿈을 꾸고 있는 걸까, 매표소 앞을 오가며 매일 마주치는 이름 모를 아가씨가 나에게 방긋 인사를 건넨다. "안녕하세요, 안녕하세요!" 나는 행복에 겨워 들뜬 목소리로 그녀에게 인사한다. 순간, 제풀에 깜짝 놀라 눈을 떴는데 똑, 똑, 똑, 누군가 문을 두드리는 소리가 들리는 듯했다. 이제 빗줄기는 좀더 가녀린 선율로 바뀌고 매표소의 정적 속에 누군가 두드리는 신호음은 귓가를 더욱 울리는 느낌이었다.

"벌써 이렇게 어둡나. 간판등을 일찌감치 켜야겠네."

나는 가물가물한 의식 속에서 동그란 햇님 같은 노란등을 켰다. 노란등이 웃음짓는 순간, 매표소 앞자락이 환해진다. 이때 전등불빛

속 좁은 처마 밑에서 망연히 하늘을 올려다보고 있는 남자를 발견하였다. 물건을 사러 온 것 같지는 않은데 커다란 우산을 성의 없이 손에 걸치고 헝클어진 모양새로 서 있었다. 한참 동안 그렇게 서 있었던 모양이다. 몹시 춥고 어두운 얼굴을 하고 있다. 외로움의 병을 오래 앓았던 나이기에 덥석 그에게 인사부터 건넨다. 맘속에선 이미 '그렇게 있지 말고 이리 오세요!' 손짓하고 있었다.

"안녕하세요? 어서 오세요."

40대 중반으로 보이는 인상 좋은 한 남자가 이쪽으로 고갤 돌리며 어색한듯 인사를 건넨다.

"아, 안녕하시오……. 저어, 여길 꼭 한번 와보고 싶었소이다."

좀 멋쩍은 듯 웃는 모양이 낯설지 않고 친근하다. 안으로 들어오란 나의 권유에 "그럼 실례하오." 하면서 누런 서류봉투 하나를 들고 매표소로 들어오는 그의 모습 뒤로 흐르는 그림자가 왠지 슬퍼보였다.

나는 이런저런 사는 이야기를 하며 남자가 말을 꺼낼 때까지 기다렸다. "정말 죽을힘을 다해 노력했는데 사업에 실패했습니다." 어렵게 이야기를 꺼내는 그 남자. 그가 자신의 이야기를 머뭇거리며 시작했을 때 이미 내 눈에서는 눈물이 흐르고 있었다. '죽을힘'을 다해 나도 노력하지 않았는가. 장애를 안고 어렵게 얻은 직장, 그 직장이 문을 닫는 그 순간까지 목숨을 바쳐 일을 지키려 했던 내 모습을 그 남자에게서 보고 있었다.

남자는 얼마 전까지만 해도 한 도시에서 가장 큰 전자대리점을 운영하던 촉망받는 대리점 사장이었다고 했다. 그가 사십을 바라보는 나이에 인생의 모든 것을 걸고 S전자의 지원 아래 대대적인 대리점 확장사업을 벌였던 것이다. 그러나 이것이 화근이었다. 그는 눈물을 머금은 채 말을 계속하였다.

"일 년을 준비한 확장사업이었습니다. 가난한 대리점을 운영할 시절, 대형벽걸이 TV를 사러온 손님을 놓칠세라 직접 하이마트로 백화점으로 모시고 가서 샘플을 보여주며 설명한 적이 있었습니다. 결국 끈질긴 저의 정성에 그 손님은 두 손 들어버렸지요. 물건은 딴 데서 보고 계약은 저에게서 하고……. 초라한 대리점을 운영하고 있었지만 저는 직원들보다 먼저 출근해서 청소하고, 돈은 없지만 직원들 부모에게 쇠고기 한 근을 사서 보내는 정성도 마다하지 않았죠. 나는 직원들에게 충성하고 그래서 직원들은 그런 나에게 충성하고. 그러나 대리점을 확장하고 나서 사람들의 발길이 점점, 아니 뚝 끊기고 말았죠."

남자의 얼굴에 순간, 비감이 스쳤다. 그렇게 확장한 대리점에서 6개월이 지나자 직원들이 미안해하며 눈치만 보기 시작……. 결국 직원들을 다 떠나보내고 혼자 커다란 매장을 청소하는 신세가 되었다는 것이다.

"지난날을 생각하니 왜 그리 눈물이 하염없이 흐르는지……. 그렇게 죽기 살기로 뛰어다닌 결과가 이것인가! 정말 사막에 홀로 선 심정이었습니다."

사막에 홀로 선 심정. 내가 첫 직장에서 겪은 '육체적 한계' 와 '정신적 고통' 이 바로 그런 게 아니었을까. 모든 짐을 홀로 감당해야 하는, 죽음 앞에 놓인 것 같은 절박함을 뜻하는 것이리라.

온갖 종류의 가스밸브를 제조하는 회사가 나의 첫 직장이었다. 극심한 육체노동이 따르는, 고된 노동을 요하는 일이었다. 공고를 졸업하고 현장실습으로 일을 시작할 때도 나는 면접에서 "무임금이라도 좋으니 일만 하게 해달라"고 졸랐다. 깐깐하게 굴던 면접관도 나의 열의와 담임선생님의 추천장을 믿고 겨우 나를 받아들였다.

우선 내가 할 일은 나에 대한 그들의 고정관념을 깨는 일이었다. '쟤가 해봤자 한 달이나 더 하겠어?' 하는 그들의 선입견을 깨뜨려야 했다. 나는 온전한 육신을 가진 사람들 틈에서 살아남아야 했다. 밸브를 만들 묵직한 쇳덩이들이 든 박스를 나를 때에는 등골이 휘는 듯한 고통을 견디어야 했다. 살아야 한다는 생존본능이 나를 자꾸 이 일에 매달리게 했다. "어떻게 얻은 일자리인네…… 이 일을 놓치면 내게 두 번 다시 일할 기회가 주어지지 않을 수도 있어."

그랬다. 실수도 잦고 사고도 많이 쳤지만 나는 결코 물러서지 않았다. 비난과 경멸의 눈초리가 쏟아질 때에도, 초라하고 비참하여 죽고 싶은 상황에서도 결코 물러서지 않았다.

근육이 파열되는 듯한 아픔으로 밤잠을 못 이루고 끙끙대는 나날이 이어졌다. 과도한 노동으로 근육에 경련이 일고 손발에 굳은살이 박히고, 알 박힌 부위는 욱신욱신 쑤셔 손도 못 댈 정도였다.

"엄마, 버스 손잡이 잡기가 창피해. 아무리 씻어도 기름때 먼지때가 손톱 사이사이 박혀 손잡이 잡기가 부끄러워."

나는 아무렇지 않은 듯 웃으면서 말했지만 어머니의 눈동자는 이미 시큰하게 젖어 있었다. 어머니는 굳은살 박힌 아들의 열 손가락 마디마디를 잡아보았다. 아무 말씀도 없이 눈물만 뚝뚝 떨구시는 어머니. 그 후로 나는 절대 어머니에게 손을 보이는 법이 없었다.

한번은 이런 일이 있었다. 쇳덩어리 박스를 안고 끙끙거리며 짐을 옮기는데 그만 무게를 못 이기고 그 자리에 주저앉고 말았다. 여지없이 발목이 상했다. 지게차 운전을 배울 때는 짐을 부리다 엉뚱한 박스를 와르르 무너뜨리기도 했다. 욕을 얻어듣고, 죽도록 해놓은 일이 순서가 틀렸다고 해서 또 욕을 얻어먹고……. 나의 모든 노력이 물거품이 되는 순간이었다.

늘 나는 몸 성한 사람들에게 '성가신 존재'가 되지 않기 위해 한 발 먼저 움직였다. 재빨리 상황에 맞게 일할 수 있도록 마음과 몸은 늘 긴장 태세였다. 그러나 사람들은 때로 나의 너무 빠른, 다소 엉뚱한 행동에 비웃음을 보내기도 했다. 사람들에게 나, 장수명이란 인간의 내면을 보이기에는 아직 너무 멀었다.

사람들의 몰이해 속에 때로는 슬프고 외로운 나날을 보냈다. 나는 자신도 모르게 어딘가 마음껏 울 수 있는 장소를 찾기도 했다. 박스가 첩첩이 쌓인 창고 한 구석. 나는 좀더 박스 깊숙이 몸을 숨기고 앉자마자 그만 울음을 터뜨리고 말았다. 그동안 이를 악물고 참았던 뜨거운 눈물이 용솟음쳤다. 아무에게도 보이고 싶지 않은 눈물이었다. '왜 나만 이렇게 사는 게 어려운 거야.' 입술을 깨물고 나오는 외마디였다.

그러는 사이, 동기 실습생들이 하나둘 내 곁을 떠나갔다. 그들은 힘겨운 노동을 못 이겨 좀더 편한 직장, 좀더 봉급을 많이 주는 곳으로 옮겨가기 시작했다. 모두 사라지고 이제 나 혼자 남았다. 다시 일할 기회를 약속받지 못한 나만이 홀로 회사에 남아 밸브 깎는 일을 비롯 온갖 잡일을 맡아 했다. 그러다 누구든 그 자리를 맡기만 하면 한 달 내에 그만둔다는 금기의 장소, 세척실이 내게 넘겨졌다. 왜 나에게 이렇게 고된 일이 맡겨지는지 이유는 알 수 없다.

코를 도려낼 것 같은 화학세척제의 냄새가 세척실을 진동할 때 나는 반짝반짝 빛나는 예쁘장한 밸브의 탄생을 꿈꾸었다.

"쇳가루를 뒤집어쓴 못난이 밸브들이여, 이제 잠깐만 기다려봐. 쓱쓱싹싹 이렇게 세척기에서 목욕을 마치고 에어튜브로 공기세척까지 오케이 하면 너희는 다시 태어나리라, 세상에 하나뿐인 밸브로 말이야."

드디어 먼지를 뒤집어썼던 밸브들이 내 정성으로 윤기를 발할 때 나는 서둘러 위층 조립반으로 밸브통을 운반할 기세를 갖추어야 했다. 이 운반이 끝나면 아래층에서 올라오는 쇠찌꺼기 머금은 밸브통을 옮길 차례이다. "그래, 올 테면 와라." 몇십 킬로씩 되는 밸브통을 오로지 두 팔과 어깨만으로 감당해내야 했다.

무엇보다도 세척실은 사계절 내내 찜통 속이었다. 코를 찌르는 화학약품과 시너 냄새는 10분만 맡아도 골이 지끈거리는 두통으로 이어졌다. 날리는 쇳가루와 무서운 화학약품이 언제 어떻게 공격을 하게 될지 모르는 위험천만한 곳. 그곳에서 나는 사시사철 긴 소매 작업복에 쇳조각으로 보호대를 덧댄 무거운 워커를 끌고 보호안경과 마스크까지 뒤집어쓰고 하루 종일을 보내야 했다. 견딜 수 없는 더위에 안경과 마스크를 집어던지고도 콩죽 같은 땀을 한 말씩 쏟아내는 나날이 이어졌다.

이곳에 배정만 받았다 하면 며칠 내로 사표를 쓰는 고약한 곳이기에 나는 오히려 버텨낼 수 있었다. 오로지 일하고자 하는 갈망과 집념이 있었기에 가능한 일이었는지 모른다. 이러한 일을 도맡아하는 동안 두통은 다정한 친구라도 되는 양 나와 함께 살았다. 아픈 머리를 쓸어안으며, 또한 하루 24시간 내내 배고픔에 시달렸다. 아무리 밥을 먹고 또 먹어도 배가 고파 견딜 수 없었다. 도대체 먹고, 또 먹고 그렇게 먹은 밥이며 빵이며 섭취한 열량은 어디로 다 소모되는지……. 아귀처럼 먹어도 돌아서면 또 밥생각! 밥으로는 나의 노동으로 소모되는 에너지를 따라가지 못했다. 땀으로 근육의 에너지로 소비되는 밥심은 슬프게도…… 스무 살 청년에게 번듯한 살집 하나 남겨주지 못했다.

　　'그래, 아마도 사하라 사막엘 가면 그런 더위와 고통을 맛볼 수 있지 않을까.'
　　하루하루 절망의 늪에 빠지지 않기 위해 노동의 고통을 감내했던 나처럼 여기 매표소에 찾아온 남자도 그 고통을 씹어삼키며 살아왔을 것이다. 남자의 눈가가 벌개지고 있었다. 그가 겪은 마음고생의 결이 잔잔히 내 마음결로 옮겨왔다. 내가 건네준 캔맥주를 벌컥 들이켜며 눈물 고인 눈으로 남자가 허허 웃었다.

"내 얼마나 허무맹랑한 생각까지 한 줄 알아요? 사람이 끝에 몰리면 별 생각을 다 하는 거라. 매장에 불도 내보려고 했고 고속도로에서 눈감고 들입다 액셀도 밟아봤지요. 정말 보험만 탈 수 있다면 이 목숨도 하나 안 아깝더이다. 그렇게 해서 내 식구, 내 새끼들만 살릴 수 있다면 난 어떻게 죽어도 좋겠더라 이 말이요."

죽고 싶은 심정. 그것이 무엇을 뜻하는지 나는 안다. 죽어야만 벗어날 수 있는 괴로움이 가슴에 가득 차서 머리가 미쳐버릴 것만 같은 그 심정을 내 어찌 모르랴.

"내 매장이 백 평이요. 그 넓은 매장 고물장수들한테 처분 맡기고 차마 볼 수가 없어서 밤중에나 찾아갔지. 빈 공간이 얼마나 공허하고 무서운지 아시오? 거기서 앞으로 우리 애들이 당할 끔찍한 화면들만 춤을 춥디다. 그래 또 늘 그랬듯 소주를 댓병 마시고는 고속도로를 탔지요. 몇달 며칠을 소주에 현기증에 구토에, 죽어도 쌀 만큼 했는데도 죽어지지는 않고. 참내, 무슨 조화인지 도로를 다 달려도 음주운전조차 걸리질 않으니, 날더러 살라는 거요 죽으라는 거요?"

"아직 가서는 안 될 이유가 있었겠지요. 아저씨가 뭔가, 여기서 해결해야 할 일이 남았나 봐요."

나의 대꾸에 남자의 눈이 둥그레졌다.

"바로 그거요. 죽어야 산다고 생각했는데 세 번이나 실패를 하고 보니 아직 내가 해야 할 일이 많이 남은 거구나, 그런 생각이 듭디다. 부끄러웠소. 다신 애들 보기 부끄러운 짓은 하지 말자, 그랬지."

우리는 말없이 맥주를 기울였다. 둘 다 부끄러운 과거에 대한 회한으로 목이 잠겼다. 나도 잠시 실직 당시 괴로움을 못 견디고 무서운 생각을 품었던 자신을 떠올려보았다. 그 남자도 나도 모두 그런 짓이 얼마나 비겁하고 스스로를 초라하게 만드는지 잘 알고 있는 일이다.

사업에 실패한 그는 결국 아내에게 이혼제의도 해보고, 몇 달 동안 깡소주를 들이켜고 병원에 가서 "나, 암 아닙니까?" 이런 헛소리를 해대며 지금의 위기에서 벗어나고 싶었다고 했다. 그런데 이런 얘기를 듣고 있는 나의 입가에서 픽픽 웃음이 새어나왔다. 마음은 그지없이 아픈데도 웃지 않을 수가 없었다.

"미안해요, 자꾸 웃어서. 근데 그 심정 너무나 잘 알아요."

"맘대로 비웃어요. 내가 생각해도 비웃음 당해 싼걸, 뭐."

그가 이렇게 밑바닥 인생을 헤맬 때 동네 목사님이 그를 찾아왔다고 했다. 늘 그 남자에게 타박만 받던 동네 목사님이 그를 찾아와 눈물을 흘리셨단다. 그리고는 "오늘 예수님 품안에서 아기가 자듯이 잘 거요!" 하시며 평안한 말씀을 남기고 돌아가셨다고 했다. 그날 밤 그는 거짓말처럼 평생 처음인 듯 깊은 잠을 잘 수 있었다고 했다.

우정은 역경 속에서 시험된다고 했던가. 절망에 빠진 순간 누군가 벼랑 끝에서 힘껏 내밀어주는 손 하나의 힘이란! 내가 창고에 숨어 눈물을 훔치던 때에도 어깨를 토닥이며 눈물을 닦아준 이들이 있었다. 선영, 진실, 순금 누나들. 지금도 여전히 매표소를 찾는 그 오랜 친구들이 아니었다면 당시 내가 어떻게 그 순간들을 헤쳐나갈 수 있었을까.

"속상하지? 그래 울고 싶으면 울어. 다 울어야 웃을 수도 있지."

"송과장 원래 그런 인간 아이가? 마음 넓고 잘난 네가 그냥 용서해줘라."

그런 격려의 말에 마음이 가라앉으면 누나들이 나를 위해 마련하는 위로의 행사가 있었다.

"수명아, 우리 이따 데이트 하자."

"배드민턴 치고, 밥도 먹고?"

나에게 남자와 여자가 만나는 데이트란 '배드민턴 치기와 식사'로 이루어진 패키지였다. 데이트라는 말을 이때 처음 알았다. 그리고 '그 데이트 참 재미있는 거구나!' 생각한 것도 이때였다. 나는 고마웠다. 배드민턴 시합에 늘 끼워주고 맛난 밥도 같이 먹고. 그리고 누나들과 함께 어울리면서 이 데이트란 것이 좀더 발전하면 영화도 같이 보고, 음악회도 가고, 산에 놀러도 가는…… 그야말로 별의 별

것 다 가능한 것이라는 사실을 알았을 때 나는 깜짝 놀랐다. 아니, 이런 나를 지켜본 누나들이 더 놀랐다. "순진한 수명아, 수명아! 으이그, 으이그!" 누나들은 아무래도 나를 골려주는 재미가 붙은 모양이었다. 나는 정말로 스무 살이 넘기까지 단 한 번도 여자와 '데이트'를 해본 적이 없었다. '여자와 데이트를 한다?' 꿈꿔본 적도 없었던 나였다. 그야말로 순진하다 못해 너무 심하게 아둔한 청춘시절이었다고나 할까.

나의 엉뚱한 행동이 이번에는 어머니를 놀라게 했다. 정말 말하기조차 우스운, '생리수당' 사건이 바로 그것이었다. 내가 세척실에서 밸브를 세척하는 고된 일을 감내하고 있을 때였다. 매캐한 화학약품이 코를 찌를 때, 왜 갑자기 어떤 아주머니의 월급봉투에 적힌 '생리수당'이라는 말을 떠올렸을까. 갑자기 나는 일을 하다 말고 정체불명의 '생리수당'이 궁금해졌다. '도대체 내 월급봉투에는 생리수당이라는 말이 왜 적혀 있지 않은 거야?' 그래도 이 바닥에서 수당이란 수당은 다 받아본 나였는데 정말로 생리수당이 무엇인지 알 길이 없었다.

'저건 대체 무슨 일을 하면 주는 수당일까……'

세척실 근무가 힘겨웠던 어느 날, 집에서 어머니에게 월급봉투를 보여주며 나는 드디어 불만을 터뜨렸다.

"씨, 이렇게 뼈빠지게 일하는데 나는 생리수당도 안 주고!"

"뭐? 뭐라? 너 지금 뭘 안 준다고?"

믿을 수 없다는 표정으로 어머니께서 물으셨다.

"생리수당! 내 봉투에는 생리수당 칸도 없어! 아줌마만 수당 주고 나는 안 주려고 일도 안 시켜!"

"아이고야, 니가 그러고도 사내 자슥 맞나?"

당장 어머니한테 귀를 잡힌 채 안방으로 끌려갔다. 멀쩡하게 고등학교 교육까지 받은 남자 중에 '생리' 가 뭔지 모르는 학생은 아마도 나뿐이었을 것이다. 그래도 그렇지 너무하다며 가슴을 치던 어머니가 노트와 볼펜까지 동원해 한나절 내내 무지한 아들에게 성교육을 감행했다. 어머니의 얘기를 듣고 있던 내 눈이 갑자기 동그래졌다.

"세상에, 그럼 애기가 그냥 남자랑 여자랑 손잡고 잔다고 생기는 게 아니네?"

열심히 설명한 어머니는 무식한 아들의 질문에 다시 한 번 찰싹, 내 등허리를 후려쳤다.

"무식해도 무식해도 너 진짜 너무한다. 아니, 너는 고등학교까지 다님서 뭘 배웠어? 친구들이 그런 얘기 하는 것도 못 들었어?"

"……나한텐 그런 얘기 하는 친구 없었다니까……."

순간 어머니 표정이 굳었다. 그러나 곧 도끼눈을 뜨고는 성교육에

종지부를 찍었다.

"어디 가서 열아홉 살이나 된 녀석이 그런 것도 모른다고 하지 마라. 신문에 날 일이다. 신문에 날 일."

난 하나의 '진실'을 알게 되어 기뻤다. 아니 놀라웠다. 무엇보다 오리무중이던 생리수당에 대한 의문이 풀린 것만 해도 신기했다. 왜, 혈기왕성한 남고생들이 모인 학교에서 나는 한 번도 친구들과 음란한 잡지도 비디오도 보지 못했는지 그런 의문을 품어본 적도 없었다. 왜 그랬는지, 그것을 깨달은 것은 그로부터도 한참 후의 일이었다.

나의 말을 듣고 남자가 껄껄 웃었다. 갑작스런 웃음에 맥주 마시다 사레들려 기침도 같이 해댔다. 곧 죽을 것만 같던 그 남자는 한바탕 웃고 나더니 기분이 좋아졌다고 했다.

이제 그에게 남은 것은 빚잔치. 앞으로 어찌될 것인가. 막막하지만 밤늦도록 공부에 열중하는 큰아들을 보며 '그래, 어떻게든 저 아이 기를 꺾어선 안 돼' 스스로 다짐하며 공사장 일을 나섰다고 했다. 가족들 몰래 새벽부터 막일을 하고 일당 7만 원을 손에 쥔 오늘 그는 행복하다고 했다.

"돼지고기 한 근 사들고 가서 애들 입에다 고기 넣어줘야지. 애들한테 오천 원씩 용돈도 주고 아내한텐 오만 원을 다 줄 거라오."

그러면서 남자가 웃었다. 나의 가슴에도 찌르르 전기가 흘렀다. 매표소 지붕을 두드리는 빗소리는 여전히 굵직했고 눈자위만 붉은 우리는 말이 없었다. 늦은 시각도 아닌데 한밤중처럼 깜깜한 밖에서 습기가 몰려들고 지나는 사람 하나 없이 쓸쓸한 밤이었다.

남자가 언제까지 노력을 할 수 있을까. 부디 그 희망의 끈을 놓지 않길 마음속으로 빌어보았다. 그리고는 세척실의 뜨거운 열기와 두통에 시달리면서도 그것을 끝까지 버텨낼 수 있었던 건 무엇 때문이었을까, 다시 그 희망에 대해 생각해보았다.

이 순간, 나는 용석 형의 얼굴이 떠올랐다. 조립반에서 일을 했던 그 형은 늘 미래를 얘기했었다. 세척실에서의 고된 노동으로 나는 미래에 대한 생각조차 할 겨를이 없었다. 오로지 하루살이처럼 그날 그날을 견뎌내야 할 뿐. 내가 확신할 수 있었던 것은 그때 용석 형이 '미래를 준비하는 유일한 사람'이었다는 사실이다. 그 형은 당시 철도 공무원의 꿈을 키우고 있었다. 나는 과연 미래를 어떻게 준비해야 할까…… 막연했지만, 내게 절호의 기회가 왔다. 드디어 세척실에서 조립반으로 자리를 옮기게 되었을 때 캐드(CAD) 공부를 시작할 수 있었다. 학교 때 유난히 정밀제도를 잘했던 나는, 이제 그 특기를 살릴 때가 온 것이라며 기뻐했었다. '캐드만 잘하면 불편한 몸이 문제가 되지 않을 거야.' 평생의 일을 갖고 싶은 것이 당시 나의 소원이었다.

나는 기록갱신의 왕(?)이다. 아무도 세척실에서 나만큼 오래 근무한 사람이 없었던 것이다. 그 지옥의 1년을 버틴 끝에 정규 일자리를 얻을 수 있었다. 그야말로 인간승리라고나 할까. 그러나 나는 여기서 만족하지 않았다. 또 다른 멋진 미래를 위해 준비를 시작해야 함을 알고 있었다. 스스로에게 주문을 걸었다. "장수명! 고삐를 늦추지 마. 너의 미래를 위해 앞으로 계속 가야 해." 그렇게 나는 '캐드' 라는 컴퓨터 설계디자인에 첫 번째 도전장을 내밀었다.

실력은 무럭무럭 자라났다. 어느 정도 실력이 되자 퇴근 후, 아예 가정용 밸브의 실물과 설계도면을 집으로 가지고 와 컴퓨터로 입체도면을 제작하는 일에 매달렸다. 당시 회사 영업자들은 거래처를 방문할 때 밸브 속을 훤히 들여다볼 수 있도록 완성된 밸브를 자른 실제 단면 샘플을 가지고 다녔다. 최고 17개까지 조립부품이 들어간 실물을 종류별로 일일이 들고 다녔기 때문에 무게가 꽤나 묵직했다. 회사의 모든 밸브를 3차원의 컴퓨터 설계도면으로 만든다면 3D팸플릿이 그 묵직한 것들을 대신하는 효율이 있을 것이었다.

정확한 계산으로 알맞은 명령을 주어 마우스와 키보드를 이용해 가정용 밸브의 3D 입체모형도를 완성하는 데 꼬박 나흘이 걸렸다. 완성된 입체도면은 상하좌우 360도로 회전하며 원하는 모든 부품과 단면을 보여주었다. 출력된 나의 첫 작품은 150명 직원이 모두 드나드는 구내식당에 버젓이 진열되었고, 공로상 표창을 받은 나를 모르는 회사 직원은 이제 아무도 없었다.

"그렇게 노력을 기울였는데 형님, 내게는 기회라는 것조차 쉽지 않더란 말입니다. 그런 노력도 다 물거품이 됐으니까요. 사람들이 IMF 당하면 나도 당하는 건데 사람들은 IMF 힘들다 하면서 내가 힘든 건 아예 취급도 안 해줬어요. 몸 성한 사람들이 이렇게 힘든데 너까지 나서냐, 뭐 이런 겁니다."

나는 어느새 그 남자를 형님이라고 부르고 있었다. 두 사람 다 취기가 돌고 평소 비축해둔 캔맥주도 거의 바닥나고 있었다.

"그래, 동생이나 나나 남들보다 몸부림치고 노력했는데 왜 그렇게 엎어지고 말았을까? 최선을 다하지 않았으면 이런 의문도 안 들거야. 근데 왜 그랬을까?"

"모르지요. 도대체 신이 우리를 살려두고 뭘 해보자는 것인지 어찌 알겠습니까요? 우리가 너무 야심만만했을까요, 아님 욕심이 많았을까요? 아님 삶에 오만했을까요? 알 수가 없지요. 그래도 형님, 우리 둘 다 잘한 거 하나는 있는 것 같지 않아요?"

"글쎄, 내가 잘한 게 뭔지. 지금은 모두 후회스러울 뿐이네만."

"아니요, 나는요, 형님이나 저나 끝까지 도망치지 않았다는 거, 그

거 하나는 자부심을 가져도 된다고 봐요. 죽을 운도 없어서 살았는지 모르지만 형님은 끝내 도망치지 않았어요. 우리는 도피하지 않고 정면에서 맞섰잖아요? 가장 어려울 때 그걸 이겨내고 그 시간을 견뎌왔잖아요? 그게 저는 자랑스럽다 이겁니다."

"그렇게 말해주니 오히려 고맙군."

"그러니까 앞으로도 그렇게 버티고 발버둥을 쳐야 된다는 말이죠. 이제 와서 포기하거나 좌절하는 것은 용서가 안 돼요."

"그렇지 옳은 말이로군……"

씁쓸하게 웃는 남자의 얼굴이 묻고 있었다. 도대체 그 몸부림을 그만 둘 날이 언제 올까, 하고.

사선으로 내리는 빗줄기가 매표소 불빛에 비치며 반짝였다. 온 세상이 다시 빗소리에 파묻혀 있었다.

"바람과 함께 사라지다 보셨어요? 거기 그 멋있는 스칼렛 오하라가 그랬잖아요. 내일은 또 내일의 태양이 떠오른다고."

"그래, 이 비도 언젠가는 그치겠지……"

남자가 크게 고개를 끄덕였고, 우리 두 사람은 살가운 마음으로 마지막 술잔을 기울였다.

껌딱지 떼어내기,
세상장벽 뛰어넘기

"누군가는 꼭 해야 할 일, 그것을 바로 내가 한 거야. 알겠지?

이제부터는 모자와 마스크도 벗어던지고 떳떳이 일하리라.

내 마음에 들러붙은 수치심의 딱지부터 떼어내리라.

이렇게 맘먹고 바닥의 껌딱지를 떼어내고 있는 사이,

나의 마음은 차분히 가라앉기 시작했다.

태양과 인내심은 반비례다. 태양이 머리 위로 높이 떠오를수록 인
내심은 툭툭 떨어지고 있었다. 한여름 태양의 위력을 누가 감히 버
틸소냐. 암록으로 물든 앞마당의 나무들도 더위에 지쳐 축축 늘어지
고 있었다. 신물날 만큼 청청한 이파리들이 제 빛깔을 뽐내며 멋진
그늘을 만들고 있었다. 하지만 이것으론 부족했다. 정오도 되기 전

부터 푹푹 쩌대는 날씨 탓에 '이따 오후에는 어쩌려나' 걱정스럽다.

도로에서 아른아른 올라오는 열기는 뭇 생물들을 모두 구워삶을 기세이다. 도로변에 납작 엎드려 있는 매표소는 금시라도 홀라당 불이 붙을 것 같았다. 선풍기를 돌리고 얼음물에 발을 담가도 그저 잠시뿐. 동동거리던 얼음은 순식간에 몸을 풀어 물 속으로 그 형체를 숨겨버렸다. 육교도 거리도 녹작지근하고 번들대는 사람들의 얼굴은 빠알갛게 열이 올라 있었다. 아니, 샛노랗게 지쳐 있는 사람들도 종종 보였다.

"여름아! 여름아아!
하늘이 가까워 뜨거운가,
태양이 내려앉아 뜨거운가,
아니 아니, 곡식 자라게 하려 무더웁지,
열매 잘 익히려 뜨거웁지!"

나는 예전에 썼던 시를 큰 소리로 읊어보았다. 아니 사실은 너무나 더워서 악을 써 소릴 질러보았다. 나의 발악에 녹지대에서 일을 마치고 땀을 긋고 있던 어르신들이 허허 웃으신다. 공공 취로사업 일에 나선 분들이 아침부터 육교의 스티커 제거 작업과 녹지대 풀베

기까지 마치느라 더위에 애를 썼다. 그들은 조금 전 내가 건네준 얼음물을 달게 마시고는 일을 마무리하고 있었다. 길게 늘어선 녹지대를 따라 베어진 풀들이 죽은 듯이 쓰러져 있었다. 그것들은 뜨거운 공기 속으로 알싸한 풀냄새를 피워 올리며 금방 시들부들 말라갔다. 몇 분이 그것을 자루에 담고 있었다.

"젊은 양반, 이제 더위 먹는 모양일세."

한 분이 농을 걸었다.

"어르신들, 날을 잘못 잡아도 영 잘못 잡았죠. 하필 오늘같이 뜨거운 날 일을 나오실 게 뭐랍니까?"

내가 끌탕을 했다. 정말 오늘은 너무나 뜨겁다. 흐르는 땀을 감당할 수 없어 아침 청소 후에 땀을 훔치고 티셔츠를 갈아입었다. 그러곤 얼음물에 발을 담가봤지만 몇 년 만에 처음이라는 무더위를 이길 수는 없다. 내내 앞마당의 그늘 아래 숨어서 손님들을 상대하려니 손님 올 때마다 득달같이 달려나가는 내 등짝에서 땀이 멈출 새가 없었다.

"여름이 뜨거워야 여름이지. 곡식 자라게 하고 열매 익히려 뜨겁다면서?"

"이러다 저도 익어버릴까봐서요."

풀자루를 가득 채운 어르신들이 주섬주섬 일어나셨다.

"올 가을에 풍년 들려고 덥나봐."

"얼음물 잘 마시고 갑니다."

"예에, 더운데 수고하셨어요. 어르신들 덕분에 앞마당이 훤해지고, 고맙습니다."

다들 한마디씩 인사를 던지고 가시는데 아까부터 내가 준 얼음물도 동료들도 외면한 한 아주머니가 유독 눈길을 끌었다. 이렇게 더운 날에 차양이 큰 모자를 눌러쓰고 수건까지 목에 두르고 있어서 여간 더워보이지 않았다. 다른 분들은 목에 두른 수건으로 땀을 훔쳤지만 그 아주머니는 수건을 얼굴 가리는 용도로 사용하는 것 같았다. 멀어지는 사람들 틈에서 그 아주머니를 쳐다보고 있자니, 몇 년 전의 나의 모습을 보는 듯했다.

1997년도였나? 그 해가 저물어가는 그때 나는 인생의 밑바닥을 헤매고 있었다. 실직 상태는 1년 반이나 계속되고 있었다. 게다가 사상 최악의 경기는 여전히 좋아질 기미가 없었고 세상은 온통 잿빛이었다. 5년을 넘게 다닌 첫 직장을 잃은 스물다섯 살 장애인 청년은 일할 기회가 일평생 오지 않을까봐 겁이 났다.

너무나 일을 하고 싶던 나는 구청 취로사업인력 모집공고를 본 순간 두 번 생각할 겨를도 없이 신청서를 냈다. 그런데 막상 일을 시작하려 하니 마음에 걸리는 것이 한두 가지가 아니었다. 가족들이 이 사실을 알면 어쩌나, 혹시라도 아는 사람을 만나면 어쩌나, 일은 해야겠는데 창피해서 어쩌나, 하필이면 부천사람이 가장 많이 지나다니는 부천역일 게 뭐람…….

끝없는 걱정에 뒤통수까지 늘 신경이 곤두서 있었다. 처음에 공중화장실에서 밀걸레를 빠는 일을 맡고는 뺀질거리며 며칠을 버텼다. 찬물에 손빨래하는 게 싫어서가 아니라 사람들 드나드는 공중화장실에서 그런 일을 하고 싶지가 않았기 때문이었다. 제일 어린 내가 할 수 없이 그 일을 하게 되었지만 사람들이 모두 나만 쳐다보는 것 같아 얼굴이 화끈거렸다.

처음에 나는 모자를 푹 눌러쓰고 마스크까지 하고 되도록이면 사람들 눈에 띄지 않으려 했다. 특이한 내 몸이 눈에 띄지 않을 리 만무했지만 어떻게든 사람들의 시선을 피하고 싶었다. 그런데도 모두들 나만 쳐다보는 것 같은 두근거림은 어찌할 수가 없었다. 게다가 끊임없이 나를 괴롭히는 또 한 가지가 있었으니.

'아, 나도 몸만 성하다면 차라리 막노동판에서 흙을 날랐을 텐데…….'

자격지심이었다. 공공 취로사업의 일을 하는 사람 중에 나처럼 젊은 사람은 없었다. 다들 나이 드신 분일 뿐. 젊은이들은 차라리 새벽 인력시장을 찾아 한껏 몸을 놀리는 일에 뛰어들었다. 나는 그럴 수도 없는 내 처지를 한탄했다. 그런 일조차 할 수 없어 노인들과 같이 수많은 사람들이 오가는 부천역에서 껌딱지나 떼고 있다니.

고개를 푹 수그리고 바닥에 쪼그려 앉아 있었지만, 신경이 온통 지나는 사람들에게 곤두서 있었다. 안 그래도 하루 종일 쭈그리고 앉아 눌러붙은 껌딱지와 실랑이를 벌이는 일은 정말 힘들었다. 무릎이 말도 못하게 쑤시고 아팠다. 고개도 아프고 등짝도 무너져 내리는 듯했다. 끌을 놀리는 손가락은 벌겋게 성이 올랐고 발이 저리고 심지어는 쥐가 나기도 했다. 그렇게 한참 앉았다 일어서려 하면 도저히 제대로 일어설 수가 없었다. 그런 짓을 공무원들 일하듯 9시부터 5시까지 하루 종일 했고, 그렇게 넉 달을 지냈다.

껌딱지는 날마다 커다란 페인트 통에 절반이 넘게 찼다. 어쩌면 사람들은 그렇게도 껌을 많이 뱉는 것일까. 나만 빼고 모든 사람들이 껌을 뱉는 게 아닐까 의심이 들 지경이었다. 그렇게 힘들게 일하면서도 행인들에 대한 주의경계를 게을리하지 않아 아는 사람을 용케도 30여 명이나 피할 수 있었다. 당시 정말로 살얼음판을 걷는 기분이었다.

그러던 어느 날 나는 껌딱지에 너무나 열중해 있었다. 어쩌나 단단하게 붙었는지 새까만 그것을 끌로 긁어내느라 너무 심혈(?)을 기울인 것이 그만 실수를 저지르고 말았다. 뻐근한 등짝과 허리가 부서질 것 같아 휴우, 하는 한숨과 함께 등을 펴고 일어나는 순간이었다.

"수명아, 너 수명이 아니야? 여기서 뭐해?"

통통 튀는 젊은 여자의 목소리가 날아오는 순간, 아차 싶었지만 이미 때는 늦었다. '아아, 정말 난 억시게도 운이 없네…….'

"어? 어, 으응……."

초등학교 동창인 민정이가 서울 나들이라도 가는지 화사한 차림으로 눈앞에 있었다. 깜짝 놀라 무슨 말을 할지 얼버무리는 사이 사태를 짐작한 민정의 눈도 똥그래졌다. 그애의 놀라는 표정을 읽으며 얼굴이 다시 후끈 달아올랐다. 초등학교 졸업 후 처음 만나는 자리가 하필 이런 데라니. 순간 빠지직 소리를 내며 자존심이 뭉개졌다.

"참 오랜만이다. 그동안 잘 지냈어……?"

"응, 너도 잘 있었……지? 정말 졸업하고 첨이네."

할 말을 잃은 건 나뿐만이 아니었다. 민정이도 아는 체는 했지만 여간 민망하지 않은 눈치였다.

초등학생 때 우리 집에는 정말 많은 아이들이 놀러 왔었다. 쫄면이니 떡볶이니 맛있는 음식을 실컷 만들어주시는 어머니 덕에 아이들은 항상 우리 집에 놀러 오는 걸 좋아했다. 부자는 아니어도 무엇이든 넉넉하고 편안했던 우리 집을 기억하는 아이라면 그날 나의 모습을 이해할 수 있었을까.

서로의 안부를 묻는 그저 그런 말이 몇 차례 오가고 민정이가 총총히 사라질 때까지 나는 마냥 쥐구멍에라도 들어가고 싶은 심정이었다. 어딘가 몸을 가릴 데가 있었으면, 도망치고 싶어, 라는 생각만 떠올랐을 뿐 민정이와 무슨 말을 나눴는지는 하나도 생각나지 않았다.

'민정이가 소문이라도 내면 어쩌지? 동창들이 다 알아버리면 어떡해!'

'바보, 바보. 하필 그때 왜 일어났을까. 여태 잘 피해왔는데 내가 왜 그랬을까.'

그애가 떠난 뒤에는 또 이런 걱정이 머릿속에 꽉 찼다. 좀더 주의하지 못한 자신을 힐난하며 속을 끓이다 보니 슬그머니 화가 치밀었다.

"못된 기집애. 나쁜 계집애."

'나더러 엿 먹으라는 거지? 저는 쪽 빼입고 나들이 가면서 친구가 자존심 상할 거라는 걸 알면 그냥 모른 척 해줄 수도 있잖아! 굳이 아는 체를 해서 사람 염장을 질러?'

민정이 일부러 그런 게 아닌 줄을 뻔히 알고 있으면서도 나는 밑도 끝도 없는 억지를 부리고 있었다. 너무 분해서 눈물이 핑 돌았다. 민정이가 미워죽겠다. 나는 들고 있던 애먼 끌을 내동댕이치고 홱 돌아앉고 말았다.

그런데 바로 앞에 또 한 명의 수명이 나를 마주보고 주저앉아 있었다. 스테인리스 방화문이 거울처럼 내 모습을 담고 있었던 것이다. 너무나 놀라운 나 자신의 모습이 거기 있었다. 붉어진 얼굴에 노기등등하게 눈을 치켜뜬 낯선 내 모습이. 분노와 미움이 가득 담긴 얼굴은 일그러져서 못생겨 보였다. 벌름대는 콧구멍과 오르락내리락하는 가슴은 금시라도 폭발할 것 같았다. 누군가를 미워하는, 원망하는 얼굴이었다. 악마 같아, 그렇게 느낀 순간 또 갑자기 절망스러웠다.

'저것이 내 얼굴이다……'

민정에게 핑계대며 돌렸던 비수가 날카롭게 내 가슴에 꽂혔다. 그러나 아직도 나는 민정과의 만남에 대한 충격과 뜻 모를 분노가 등등했다. 나 자신에게 그 칼날을 돌리기엔 난 너무 오기창창했다. 그날 찢겨진 아픈 자의 모습을 하고 있는 나 자신의 얼굴을 노려보며 민정이를 원망했다.

다음 날 늦게 눈을 뜨자마자 그 일이 다시 생각났다. 그냥 잊혀지면 좋으련만 마음에 걸렸던 어제일이 잠깨는 순간, 가장 먼저 나를 괴롭히려 찾아왔다. 그런데 민정이 얼굴은 보이지 않고 방화문에 비쳤던 내 얼굴이 머쓱하게 고갤 내민다. '아아 부끄러워, 도망가고 싶다.' 그 순간 다시 눈을 감아버렸다.

가족들은 다들 제 볼일을 보러 나갔는지 빈집에 나만 혼자 남겨졌다. 맑은 휴일이지만 우울했다. 점심때가 되서야 하루를 시작하는 나를 창밖 햇살이 가혹하게 비추고 있었다.

문득 햇살보기가 부끄러웠다. '아직도 상처에 단련되지 않은 너를 어쩌면 좋단 말인가.' 나는 이렇게 자책하고 있었다. 내 자신이 몹시도 얄팍하고 가볍게 보였다. 사실 직장에 다닐 때에는 어땠나. 그때는 그보다 더한 잡일도 많았고 더한 노동도 기꺼이 인내하지 않았던가. 모든 사람들이 가족을 먹이기 위해 부끄럼 없이 했던 일들이다.

나로 말할 것 같으면 오로지 '일'을 하겠다는 의지 하나로 궂은 일, 잡다한 일을 얼마나 도맡아 했던가. 그런데 이제 와서 사람들이 많이 들끓는 공공장소가 문제라고? 나는 왜 이다지도 의젓하지 못한 걸까. 그런 생각을 하면서 거울을 똑바로 바라보고 있었다. 그리고 잠시 후, 이렇게 자신을 향해 외쳤다.

"누군가는 꼭 해야 할 일, 그것을 바로 네가 한 거야. 알겠지?"

이제부터는 모자와 마스크도 벗어던지고 떳떳이 일하리라. 내 마음에 들러붙은 수치심의 딱지부터 떼어내리라.

다음 날 이렇게 맘먹고 바닥의 껌딱지를 떼어내고 있는 사이, 마음이 차분히 가라앉기 시작했다. 정말로 신기하리만치 아무렇지도 않았다. 어제의 나와 오늘의 내가 같은 사람이라고는 믿어지지 않을 만큼 달라져 있었다. 마음에 두껍게 박힌 껍딱지를 떼는 순간, 세상이 만들어준 마음의 장애에서 벗어나기 시작한 것이다.

나는 언제나 힘들 때 활력을 얻기 위해 찾아가는 곳이 있다. 오늘도 삶의 활력이 넘치는 곳, 남대문시장을 가기 위해 발걸음을 서둘러 집을 나섰다.

백주대로에서 막춤을

입만 열면 눈물이 와락 쏟아질 것 같아서.
그저 멀어져가는 그의 뒷모습에 대고 마음속으로 이렇게 외치고 있었다.
"나 같은 사람도 이렇게 살잖아요! 아저씨, 나를 봐요!
날 보고 제발 한 번만 더 용기를 내요."

아침부터 곤충들이 낮게 매표소 주위를 맴돈다. 하늘이 회색빛 그
늘을 음울하게 드리우고 있다. 머리 위를 가득 덮은 구름송이들. 무
슨 심기가 그리 불편한지 잔뜩 울음을 머금은 얼굴이다. 날마다 울
어대던 매미들도 조용하다. 낮게 드리워진 하늘의 무게에 짓눌린 스
산한 아침이다.

지금 새로 쓴 신작시가 드륵드륵 소리를 내며 프린터에서 빠져나오고 있다. 그 사이 나는 매표소 왼쪽 벽 게시판을 장식하고 있는 '3일간의 사랑' 란에 갈아 끼울 문구를 골똘히 생각하고 있다. 마음에 드는 좋은 문구는 메모해두었다가 멋지게 타이핑해서 '3일간의 사랑' 칸에 게시하는 것이다. 그러면 사람들이 그것을 읽고서 뭔가 느낌이 있으면 수첩에 담아가기도 한다. 좋은 글귀는 누구에게나 반가운 모양이다.

　그렇게 흐뭇한 마음으로 컴퓨터 자판을 두드리다가도 마음이 이내 먹구름으로 돌변하는 것은 왜일까. 나의 눈길이 절로 매표소 앞마당 큰 나무 아래로 머문다. 이제 오전 11시를 넘어선 시각, 한 남자가 나무 아래로 숨어들듯 앉아 있는 모습이 보인다. 이쪽에서는 그 사내의 등밖에 보이지 않는다. 어쩐지 분위기가 심상치 않다. 누구일까. 호기심이 발동하여 조심스럽게 가까이 다가섰다. 헌데 어디서 많이 본 얼굴이다. 아침저녁으로 출퇴근길에 매표소 앞을 지나던 사람 아닌가. 평소 까르푸에 근무하는 사람일 거라고 생각했었다. 그런데 한창 일할 이 시간에 왜 매표소 앞마당에 앉아 있는 것일까. 그것도 축 처진 어깨에, 거리를 등지고 담벼락을 마주한 채 앉아 있는 모습이 처량하다.

　게다가 남자는 아무래도 우는 것 같다. 어깨가 가늘게 출렁이다 잠시 멈추는, 고개 숙인 뒷모습이 그렇게 말을 하고 있었다. 혹시 직장을 잃은 것일까, 그렇다면 이제 그의 가족은 어떻게 되는 거지, 이 순간 나의 생각이 비약하고 있었다.

넋이 빠져 그 남자를 멍청히 바라보고 있는데 갑자기 그 남자가 벌떡 일어난다. 그 바람에 화들짝 놀란 나는, 내가 줄곧 뒤에서 그를 바라보고 있었다는 사실을 눈치채면 어쩌나 싶어 당황하여 어쩔 줄 몰랐다. 이럴 때는 매표소로 들어가는 거야, 나는 본능적으로 매표소 안으로 기어들어갔다. 그리고 "이게 갑자기 왜 이러지?" 괜히 컴퓨터만 두드려봤다. 일단 남자의 시선을 피하고 볼 일이다. 아니 그런데 방금 전의 그 사내가 성큼성큼 매표소 창가로 걸어오고 있는 것이 아닌가.

"아주 아주 신나는 음악 좀 틀어주세요."

"예? 으, 음악요? 신나는 음악요?"

갑작스런 주문에 나는 잠시 당황했다.

"예. 신나는 댄스곡으로 몇 개 부탁합시다."

"네, 그러지요. 잠깐만 기다려 주세요."

갑자기 내 머릿속이 바빠졌다. '댄스곡이라, 박자가 빠르고 리듬이 강한 걸로 골라보자.' 우선 손에 잡히는 대로 클론의 노래를 골랐다.

"마음대로 일이 되지 않을 땐 하던 일을 멈추고 여행을 떠나봐 바다를 찾아가 소릴 질러봐 꿍다리 샤바라 빠빠빠빠……."

첫 곡을 내보내며 엄정화 노래랑 비의 댄스곡 등 몇 곡을 선정해 연속플레이를 시켜놓았다. 그리고 밖을 보니 글쎄 남자가 춤을 추고 있었다! 양복 입은 점잖은 신사가 한산한 시간이긴 하지만 백주대로에서 춤을 추고 있었다. 전혀 예기치 못한 일이어서 나도 모르게 입을 쩍 벌리고 말았다. 잠시 넋을 잃고 남자를 바라보았다. 길가에서 저렇게 할 수 있다니!

한두 명의 행인들도 이 해괴한 장면을 바라보고 지나갔다. 할머니 한 분은 멈추어 서더니 입을 벌리고 그를 바라보고 있었다. 어떤 젊은 이는 웃음을 참지 못한 표정으로 쳐다보며 제 갈 길을 가고 있었다.

그러나 나는 어쩐지 가슴이 뭉클해졌다. 남자가 춤을 추고는 있는데 그것은 전혀 춤처럼 느껴지지 않았다. 차라리 몸부림에 가깝다고나 할까. 갑자기 기분이 싸해지더니 목이 잠겨왔다. 요란한 댄스 음악에 막춤이라니. 순간, 처절한 몸부림 속에 숨어 있는 슬픔을 보았다.

그 남자는 울고 있었다. 눈물이 뚝뚝 남자의 몸짓을 타고 흐르는 것을 나는 보았다. 미친 듯이 휘두르는 팔다리에서도 눈물이 흘렀다. 그의 눈물이 나의 가슴 자락에도 고여온다. 명치끝이 아리다. 무슨 사연이 있는 걸까…….

연이은 댄스곡에 맞춰 몸부림치듯 춤을 춘 그 사내가 드디어 동작을 멈추었다. 한 번 큰 숨을 몰아쉰다. 그리고 잠시 양손으로 무릎을 짚은 채 가만 있더니 창가로 다가왔다.

'어, 지금 오면 안 되는데. 지금은 안 돼요!'

나도 남자에게 눈물을 보이지 않으려 안간힘을 썼다. 도대체 눈물이, 눈물이 너무 많은 게 탈이다. '사내놈이 돼가지고 너무 부끄럽잖아, 너 눈물 뚝 그치지 못하겠니?' 마음을 꽉 꼬집는다. 그러나 정말로 걱정되던 그 사내, 오히려 나의 얼굴보다 편안해 보인다. 상기된 얼굴에 땀이 송글송글 맺힌 그 남자가 뭔가 할 말이 있나 보다.

"고마워요. 행복한 나그네 매표소, 잊지 못할 겁니다. 그리고 오늘도요."

그가 말을 마치고 총총히 돌아설 때까지 난 아무 말도 할 수가 없었다. 입만 열면 눈물이 와락 쏟아질 것 같아서. 그저 멀어지는 그의 뒷모습에 대고 마음속으로 이렇게 외치고 있었다.

"나 같은 사람도 이렇게 살잖아요! 아저씨, 나를 봐요! 날 보고 제발 한 번만 더 용기를 내요."

그랬다. 길은 언제나 절망의 바닥에 발이 닿았을 때에야 열렸다. 늘 마지막이라 생각할 때 길이 열렸다. 그 남자가 이곳 매표소에서 희망을 발견하길 기대한다면 너무 큰 욕심일까. 아니다. 나의 삶도

늘 절망의 연속이지 않았는가. 100통 이상의 이력서를 써서 부천시 내 백 군데 넘는 회사들을 헤집고 다녔던 적도 있었다. 혹시나 싶어 갔던 곳을 또 찾아가면서 발버둥치기도 했었다. 그래도 길은 열리지 않았다. 세상을 저버리고 싶은, 차마 몹쓸 생각을 할 때도 있었다. 자그마치 3년. 하루에 수십 번 이력서를 쓰면서 나는 날마다 조금씩 죽어가고 있었다. 바닥을 향해 추락하는 것이 이런 것이구나, 악몽과 같은 시절이 내게도 있었다.

그것이 불과 몇 년 전의 일이었다. 아무런 의욕도 희망도 없이 스산한 저녁, 부천역 플랫폼에 앉아 있기도 했다. 정말로 홀로 버려진 기분이 어떤 것인지 알 것 같았다. 그날 하루 내내 나는 전쟁(?)을 치른 기분이었다. 오전 내내 광고신문의 모든 구인란을 다 뒤져보고 나를 반길 만한 곳을 찾아다녔지만 단 한 군데도 나를 반겨주는 곳은 없었다.

이력서 맨 밑칸까지 특기라 할 만한 이력도 죄다 집어넣었다. 일테면 공업고등학교의 기계과를 나와 한 회사 현장에서 근속한 이력, 위험물 취급과 운전면허와 중장비 관련 자격증, 회사의 공로상과 모범상을 받은 경력 등. 그러나 아무 소용이 없었다. 고등학교 때의 우수한 성적이나 남다른 특기도 아무 짝에 쓸모없는 것들이었다. 그것은 마치 길거리에 나뒹구는 휴지조각에 불과한 불행한 청춘의 기록이었다.

한나절 내내 회사마다 전화통화하고 방문하고, 이렇게 헛수고로 낭비하는 나날이 몇 달째 계속되며 나는 지쳐갔다. 서류를 보고 면접을 오라 했던 마지막 회사에 실낱같은 희망을 걸고 총무과의 문을 두드린 것이 불과 서너 시간 전이었다. 약속시간이 되어 인사과 사무실을 들어섰다.

"안녕하세요? 총무과장님 뵈러 왔습니다."

"무슨 일로 오셨습니까?"

총무과장 명패가 놓인 책상 뒤에서 몸을 일으키며 중년의 남자가 나를 맞이했다.

"오늘 네 시에 면접 오라고 하신 장수명입니다."

"예에, 그런데……?"

남자의 얼굴에 낭패의 빛이 스쳤다. 동시에 나의 마음속에는 더한 낭패감이 불길하게 번졌다.

"미안하지만, 더 이상 채용계획이 없어요. 마감됐는데 우리 직원이 잘못 말한 모양이군."

나의 입을 막으려는 듯 일사천리로 쏟아놓는 거절의 말들. 더 이상 호소하고 매달릴 기운이 없었다. 그러나 나는 마지막 기운을 짜내고 오기를 부려보았다.

"저 무슨 일이든지 할 수 있습니다. 6년이나 공장근무를 해서 야근도, 철야도 잘해요. 지게차 운전도 하고 자격증도 여러 개 가지고 있고요⋯⋯."

"아뇨, 우린 장애인을 쓰지 않습니다. 그만 나가봐요."

대번에 칼로 자르듯 냉정한 대답이 돌아온다. 여기서 더 조르다간 험한 꼴 당하기 십상이다. 쫓기듯 물러나와 거리에 서니 오갈 데가 없었다. 서류만 보고 오라 할 때는 언제고 일 한번 시켜보지 않고 나를 바보 취급하는 회사에 울화가 치밀었다. 차라리 그 인간에게 따져야 옳았다. 이미 문을 나선 이후이지만 나는 계속 외치고 있었다. "당신들 말이야, 서류상으론 '오케이' 해놓고 양말 뒤집듯 이렇게 말 바꿔도 되는 거야? 장애인은 쓰지 않는다고? 장애인, 장애인이라고?" 그놈의 '장애인' 이란 말만 나오면 두렵기 그지없다. 마치 내가 기계에 눌린 납작 오징어가 되는 기분이다. "나는 장애를 몰라요. 세상이 내게 장애를 주었어요, 그걸 왜 모르시죠?" 그렇게 세상을 향해 다시 외치고 있다. "나는 쓸모 있는 인간입니다. 저는 정상입니다!"

그렇게 3년 동안 실직 상태로 있는 동안, 아침에 눈뜨는 것이 무서웠다. 갑자기 육체의 고통으로 얼룩진 첫 직장이 그리워졌다. 어떤 중노동이라도 지금의 비참한 고통보다는 달콤할 것이다. 다시 잡초처럼 일어섰다. 막막했지만 또 신문을 뒤지고 노동부 사무실을 기웃거리고 광고판을 열심히 찾았다. 어느 담벼락에 붙은 구인광고를 보고 건물의 정문으로 돌아간 나는 인사담당자는커녕 회사 정문에서 경비아저씨와 먼저 실랑이를 벌여야 했다.

"아, 안 된다니까. 얼른 가! 총무과장이 그렇게 한가한 줄 알아?"

내 몸을 위아래로 훑어보더니 기가 차다는 듯 경비 아저씨가 쏘아붙였다.

"전 못하는 일 없단 말예요. 딱 한 번만, 한 번만 보게 해주세요."

"필요 없다니까! 아, 그런 꼴로 무슨 일을 하겠다고 난리야? 집에서 주는 밥이나 얌전히 받아먹고 있지 취직은 개뿔! 멀쩡한 사람도 일이 없는 판국에, 망둥이가 뛰니 꼴뚜기도 뛴다더니."

아저씨의 막말에 피가 거꾸로 솟았다.

"개뿌울~? 보자 보자 하니까, 개뿔! 당신이 뭔데 면접도 못 보게 해? 당신이 경비원이지 면접관이야? 내가 무슨 갠 줄 알아? 집에서 주는 밥이나 받아먹게? 당신이나 가서 그렇게 해!!"

이렇게 대들고 싶은 마음이 굴뚝같았다. 마음속으로는 열 번도 더 그렇게 외치고 있었다. 그러나 나의 입에서 나온 말은 머릿속에서 생각한 것과는 전혀 다른 말이었다.

"신입 뽑는다면서요. 서는 경력사라도 신입으로 일할 수 있어요.

면접만이라도 보게 해주세요."

"사지 멀쩡한 사람도 일하겠다고 줄을 섰어. 그래도 떨어져 나가는 사람이 무더긴데 언감생심 어딜 나서! 이봐, 지금이 IMF라고 IMF. 빨리 안 나가? 사람 불러서 끌어내기 전에 좋은 말 할 때 나가. 어서!"

인정머리 없는 경비원에게 거지 몰리듯 내몰리다가 급기야 정문 밖으로 내쫓기면서 나는 울음을 삼켰다. 여기서 밀려날 수는 없었다.

"아저씨 그럼 이력서만이라도 전해주세요. 제발요."

억지로 맡긴 이력서를 경비원이 와다닥 구겨버리는 것을 먼발치로 보고서는 북받치는 울분을 추스릴 수가 없었다. 결국은 또 나의 몸 때문이구나 하는 생각이 들자 끝없이 인생에 훼방을 놓는 이 몸을 부숴버리고만 싶었다. 다니던 회사가 부도 났을 때만 해도 이런 날이 올 줄은 몰랐다. 산을 오르는 일도, 하루 13시간의 중노동도 의지와 노력만으로 이겨내고 기어이 주변의 인정을 받으며 살아온 나로서는 실직 기간 3년이 죽음과 같은 세월이었다.

갈 곳 모르고 지하철 플랫폼에 앉아 시커먼 선로만 바라보고 있었다. 모든 게 다 싫었다. 세상도 부모도 친구도 내 구겨진 몸도. 이렇게 생이 비루하고 쓰레기 같다니! 순간 죽고 싶었다.

'죽어버리면 모든 게 끝이야. 이렇게 애쓰지 않고 편안해지고 싶

어. 그만둘래.'

어디선가 죽음으로 인도하는 달콤한 유혹이 나를 압도해왔다. 눈앞 지하철 선로가 다정하게 부르는 듯했다. 지하철 선로를 따라가면 나를 버린 세상 저편, 다른 세상이 나를 반길 것만 같았다. 나를 부르는 그 선로를 향해 나아갔다.

빠앙 —— 갑작스런 소리에 깜짝 놀라며 정신을 퍼뜩 차렸다. 찰나의 순간이었다. 커다란 헤드라이트가 빛나고 전동차가 저돌적으로 달려 들어오고 있었다. 유리창 너머 홀로 앉은 기관사와 눈이 마주친 것 같다고 생각한 순간 제정신으로 돌아왔다. 벼랑 끝을 향하던 나의 발이 다시 안전선 안으로 들어오는 순간이었다.

'내가 지금 무슨 짓을 하려던 거지!'

그날 나는 마시지도 못하는 술을 엄청 들이마셨다. 한 잔 술에 눈물 한 방울, 두 잔 술에 눈물 두 방울, 세 잔 술, 네 잔 술, 술이 목구멍을 타고 벌컥벌컥 마구 들어갈 때마다 눈물이 펑펑 쏟아져 나왔다. "삶이 너무 아파, 삶이 너무 아파!" 그렇게 흘러나오는 신음을 삼키고 있었다.

그날 나는 남사처럼 춤을 추지는 않았다. 대신 세상으로부터 버림

받은 분노를 비겁하게도 어머니에게 퍼붓고야 말았다. 평생 단 한 번의 그 기억이 지금까지도 내 마음을 뼈아픈 후회로 물들였다. 지금은 버스표 100장 팔아야 800원을 버는 허드렛벌이를 업으로 삼고 있지만 한 번도 그것에 불만을 느껴본 적이 없다. '어떻게 얻은 인생인데…….' 눈물겹도록 매표소가 사랑스럽다.

남자가 춤을 추고 사라진 뒤에도 여전히 경쾌한 댄스음악이 앞마당에 울리고 있었다. 흐르던 눈물을 닦아내고는 전혀 기분 내키지 않는 댄스곡을 그만 내려놓았다. 그리고 추억의 냄새가 스민 조용한 올드 팝을 틀어놓으며 다시 좀 전의 그 남자를 생각했다.

발버둥의 세월. 내가 몸부림치며 보냈던 그 시간처럼 남자가 그렇게 싸워줄 수만 있다면 어느 날 길은 열릴 것이다. 깊은 좌절의 끝에서도 포기하지 않고 발버둥치며 안간힘을 쓰다 보면 오랜 시간이 흐른 후에야 길은 열리리라.

이미 사라져버린 남자에게 나는 늦은 인사를 보냈다.

"어떤 상황에서라도 그 발버둥을 멈춰서는 안 된다는 것, 오로지 그것이 유일한 길이 될 수 있답니다. 그것이 바로 희망이니까요."

그 아픔이 그곳에 모인 사람들의 가슴을 울리고 있었다.

"비록 지금 우리의 힘이 약해서 당한다 해도 우리는 결코

우리의 정당한 삶을 포기하지 않을 것입니다.

세상을 향해 나아가는 행복의 '손'

동지 여러분! 우리 모두 힘을 냅시다. 희망을 가집시다!

포기하지 않는 것이 행복입니다!!'

몸이 끈적끈적하다. 후텁지근한 바람, 대낮부터 맹렬히 퍼붓는 햇빛, 뜨겁게 팽창된 공기는 불쾌지수를 부쩍 높이고 있다. 폭풍이 온다는데, 비라도 기운차게 내려주었으면 하는 마음이 간절하다. 매표소는 늦은 오후에 들어서는 4시쯤이면 그 열기가 절정에 달한다. 가장 뜨거운 그 시간에 중학생 아이들은 하굣길 매표소를 찾았다. 다

들 떼거리로 몰려와서는 버석버석한 얼음과자를 하나씩 입에 물고
는 어디론가 사라졌다.

"빵 빠앙."

나무그늘에서 할딱할딱 숨만 쉬고 있다가 경적 소리에 귀가 쏠렸
다. 성태 씨가 오토바이를 멈추고 있었다. 유난히 키가 큰 그가 오토
바이에서 내리자마자 우편물을 챙겨들고 경중경중 다가왔다. 우체
부 총각인 그는 규칙적으로 매표소에 들르는 사람이라 나와는 일찍
이 친한 사이다. 평소 나의 바지런한 발걸음과는 달리 오늘은 정말
이지 축축 늘어진다.

"오늘 같은 날 힘들지? 커피 하나 마시고 가."

"아, 죽겠어요. 커피 말고 찬물 없어요?"

그가 우편물을 탁자에 올려놓으며 의자에 털썩 무너지듯 주저앉
았다. 더운 여름 하루 종일 돌아다니자면 아무리 힘센 장사도 견디
기 힘들 것이다. 어제 현숙 누나가 주고 간 성주 참외 하나를 건넸
다. 성태 씨는 생수를 꿀꺽꿀꺽 마시고도 시원한 참외를 한입에 먹
어치웠다.

"휴우, 이제야 좀 살겠네."

손을 닦고 땀자국이 밴 셔츠 앞자락을 훌훌 털며 잠시 죽었다 살
아난 사람처럼 숨을 돌린 그는 물티슈를 꺼내어 얼굴과 목덜미까지

싹싹 닦아낸다. 그 사이 난 우편물을 뒤적였다.

"오늘 같은 날 매표소 안에 들어앉아 있다가는 통닭구이 되겠어요. 형도 여기서 일하는 게 만만치 않겠네요?"

"만만치야 않지만 성태 씨만 하겠어? 그나마 이렇게 일하는 것도 고마운데 불평할 처지도 아니지."

"난 책상물림이 아니라 차라리 돌아다니는 일이 좋긴 한데 오늘은 참 힘드네요. 하이고, 또 가봐야지."

"더운데 수고해."

"잘 먹고, 잘 쉬었다 갑니다. 형도 수고해요."

부릉부릉 요란을 떨며 그가 떠나자 하릴없이 우편물 확인을 계속했다. 사적인 편지는 메일이나 마음을 닮은 행복통을 이용해서인지 대부분 청구서나 고지서 따위인데 지난번에 인터뷰를 한 월간책자가 눈에 띄었다.

내용을 찾아보니 초록 화분을 앞에 두고 활짝 웃고 찍은 나의 사진이 실려 있다. 사진이 마음에 쏙 든다. 사람들은 이 웃음을 참 좋아한다. 사람들이 좋아하는 웃음을 줄 수 있다는 게 그렇게 행복할 수가 없다.

인터뷰 내용은 내 인생의 스승으로, 형으로, 친구로 존경하는 권오광 형을 소개한 것이다. 칭찬릴레이 지면이기 때문에 다음 달 지

면에는 오광 형이 누군가를 소개하는 글이 실릴 것이다. 지면에는
그날 기자와 대화한 내용이 빼곡히 정리되어 있었다. 모두 오광 형
을 칭찬하는 내용이었다. 그간 인터뷰한 것 중에 내가 주인공이 아
닌 유일한 인터뷰였다. 그러나 진정으로 기쁘기 그지없었다. 오광
형이라면 누구에게라도 이런 칭찬을 들을 자격이 충분히 있기 때문
이다.

　무엇보다도 오광 형은 나에게 자기 인생의 주인공으로 살아가는
법을 가르쳐준 스승이다. 형을 만나지 못했다면 오늘의 내가 존재할
수 있을까. 누군가 나에게 "평생의 동지이자 스승으로 생각하는 사
람을 세 사람만 꼽는다면?" 하고 질문한다면 난 오광 형과 마테오
형, 그리고 금강슈퍼의 병천 형을 꼽을 것이다. 그들은 각각 다른 인
생의 골든 키를 나에게 선물했다. 그중 오광 형은 '사회적 자아'에
눈뜨게 해준 분이라고 해야 할까. 그는 내가 여러 악조건 속에서 굳
건히 사회에 뿌리를 내리도록 격려하고 이끌어준 스승이다.

　처음 사회생활을 시작할 때 2년여 동안, 나는 홀로 이산 저산 등반
을 하고 다녔다. 그러다 회사 누나들을 따라 산악회에 참여하게 되
었고 또 '가톨릭노동사목 새날의 집'이란 데를 알게 되었다. 처음
참가해보는 동아리활동이었지만 나의 눈을 번쩍 뜨게 할 만큼 이곳
은 재미나고 신기한 세상이었다. 지금껏 상상해본 적도 없는 전혀

새로운 세상이 거기에 있었다. 학교친구나 동네친구가 전부였던 나는 수많은 다양한 사람들을 한꺼번에 접했고, 재미있는 동아리 모임에서는 원하는 것을 뭐든 배울 수 있었다. 등산, 기타, 풍물, 컴퓨터, 노래……. 그 어느 것 하나 재미나지 않은 게 없었다.

게다가 그곳에서 나의 장애는 아무런 문제가 되지 않았다. 보통 사람들과 똑같이 참여하고 일을 만들면서 고달픔도 함께 나누는 따뜻한 곳이었다. 이곳에서 비로소 사회현실에 참여하는 법을 배워갔다. 누구나 나를 격의 없이 대하고 무슨 일이든 원하기만 하면 끼워주었다. 아무도 내게 "너한텐 무리야"라든가 "네가 그걸 할 수 있겠어?" 따위의 말은 하지 않았다.

누구나 나를 소중하게 대하고 누구하고도 친구가 될 수 있는 곳!
나의 장애가 전혀 문제되지 않는 곳!
무엇을 해도 '하지 마'가 아니라 '네가 한번 해봐'라고 놀라운 제의를 하는 곳!

노동사목에서 지낸 나날들은 나의 삶을 생생하게 물들였지만 나는 아직도 사람들 앞에서 자신을 드러내는 데, 적극적으로 나를 표현하는 데 한없이 서툴렀다. 오광 형은 그런 나를 변화시키고 싶어

했다. 오광 형은 나를 두고 확신했다. 내가 맘만 먹으면 이 세상을 거침 없이 헤쳐나갈 수 있다고. 그리고 한 번도 드러난 적 없는 내 능력이 제대로 발휘되기만 한다면 큰일을 할 수 있으리라고. 우선 나를 변화시키는 것이 문제였다. 어떻게 변해야 할까 그것이 관건이었다. 어느 날 그는 나에게 뜻밖의 제안을 했다.

"예에? 제 개인 문집을 내자구요?"

나는 적잖이 놀랐다.

"그런 걸 어떻게 해요? 혼자 끄적대는 걸 갖고 무슨 나 같은 사람이. 작가도 아니면서."

"작가가 따로 있나? 자기 생활에 대해 진실하게 쓰면 작가지. 네가 열심히 쓰는 건 알고 있지만 보여준 적이 없잖아. 네 글을 본다면 사람들이 널 더 이해하고 더 가까워질 텐데."

"그래도 어떻게 제가 책을 만들어요?"

"겁낼 것 없어. 네가 쓴 글이 어떻게 책이 되나 궁금하지 않냐? 쓴 거 다 가져오면 만들어줄게."

쭈뼛대는 나를 설득해서 오광 형은 일을 벌였다. 글을 쓰는 내가 분명 이 일에 흥미를 느낄 것이고, 이 일을 해내고 나면 큰 변화가 있을 거라 그는 확신했다. 그리고 그의 예감은 적중했다.

오광 형은 우선 그동안 내가 쓴 글을 시와 수필, 소설, 편지글 등으로 분류해서 타이핑 작업에 들어갔다. 간단한 머리말과 끝말을 준비하고 각 글에 알맞은 삽화를 준비하게 했다. 사진도 준비했다. 여기저기서 글 내용에 알맞은 도안이나 그림들을 모아 배치했다. 그렇게 보름쯤 준비를 하자 원고의 모양새가 갖추어졌다.

그걸 갖고 처음 인쇄소에 갔을 때 나는 정말 놀라웠다. 타이핑한 종이들, 두서없이 붙여놓았던 삽화들이 커다란 전지에 가지런히 인쇄되어 나오는 순간이었다. 책자에 실린 저 얼굴이 내 얼굴이란 말인가, 그저 바라보고 신기해할 따름이었다. 말끔한 표지까지 입고 나온 130쪽짜리 소박한 책이 내 손에 쥐어졌을 때 이게 꿈인가 현실인가 믿을 수가 없었다.

'내 글이 책이 되다니. 많은 사람들이 내 글을 읽다니!'

〈추억 속의 속삭임〉은 그렇게 탄생한 나의 첫 문집이다. 버젓이 나의 '책'이 나온 것이다. 그렇게 해서 70여 명의 지인들 손에 들어간 〈추억 속의 속삭임〉은 사목에서 나를 일약 스타로 만들었다.

"어이 장 작가! 책 잘 읽었어. 언제 그런 글을 쓰셨나."

"수명아 너 정말 부지런하구나. 글을 쓰는 줄은 몰랐는데 정말 대단하다 얘."

"시 좋더군. 네 생활 모습을 솔직하게 썼더라."

"짜아식, 작가네 작가."

이런 칭찬과 격려들이 수줍음 많은 스물다섯 청년을 서서히 변화시켰다. 나는 비로소 타인과 어울리는 진정한 즐거움을 깨우쳐가기 시작했다. 나의 글들은 노동사목의 소식지 앞면을 채우며 내게 글 쓰는 기쁨과 타인에게 나를 드러내는 자신감을 조금씩 불어넣어 주었다.

하지만 오광 형은 거기서 멈추지 않았다. 그해 노동사목의 15주년 기념연극의 주인공을 나에게 맡긴 것이다. 그 소식을 듣고 나는 펄쩍 뛰었다. 아무리 문집을 만들고 수줍음이 덜해졌다고는 하나 그것은 나에게 핵폭탄과도 같은 주문이었다.

무대라니! 사람들의 눈이 모두 쏠리는 무대 한가운데서 어눌한 발음과 동작으로 무엇을 하란 말인가! 수십 명의 사람들이 나만 쳐다보는 '무대'라고? 말도 안돼! 되도록이면 남들의 이목을 끌지 않고 조심조심 살아왔는데 이제 와서 조명 쏟아지는 무대에 서서 나의 알몸을 그대로 다 드러내고 관객의 시선을 받으란 말인가?

나는 항변했지만 완강한 오광 형을 이겨먹을 수는 없었다. 결국 주연은 맡았는데 걱정이 이만저만이 아니었다. 연습 때는 겸연쩍고 민망해서 자꾸 웃음만 나왔다. 그러다 힘들게 마련한 공연을 망치는 건 아닐까 걱정이 태산이었다.

하지만 막상 공연 당일 난생 처음 분장이란 걸 하고 보니 초조함과 더불어 야릇한 기대감이 흥분을 자아냈다. 떨리기도 하고 자랑스럽기도 한 묘한 긴장감이 느껴졌다.

'과연 내가 잘 해낼 수 있을까.'

관객이 들어차고 조명이 자리를 잡고 음악이 깔린 공연장에 섰을 때, 가슴 설레는 이상한 열기를 느꼈다. 꼭 잘 해내야겠다는 생각이 나의 마음줄을 단단히 잡아주었다. 언젠가 이런 감정을 느껴본 것 같은 생각이 들며 그 순간, 한 가지 기억이 떠올랐다.

어렸을 때 난생 처음 사내애들 틈에 끼어 축구를 했던 날. 소원했던 축구를 한 그날의 마음이 꼭 오늘같이 설레고 뛰었더랬다. 처음으로 골키퍼가 되어 상대 선수와 맞섰을 때 내가 느낀 건 두려움도 초조함도 아니었다. 설레는 긴장감과 함께 느꼈던 그것은 기대감이었다. 드디어 소원하던 순간을 맞이했을 때의 그 두근거리던 강렬한 기쁨, 바로 그것이었다. 난 그날과 똑같은 기대와 설렘으로 오늘 강렬한 감정에 휩싸여 들었다.

난생 처음 서보는 정식 무대. 신부님을 비롯한 가톨릭 관계자들까지 초대된 객석에는 수많은 사람들이 자리를 메우고 있었다. 처음 보는 저 사람들 앞에서 나 자신을 환히 드러내야 했다. 다행히 객석의 많은 사람들이 모두 날 응원하러 온 지인이거나 가족이었다. 어머니도 오시고 사목의 친구들도 자리를 가득 채워주었다. 그 객석의 모습이 나에게 용기를 불어넣어 주었다.

무대의 스크린으로 힘겨운 노동현장과 노동자를 몰아붙이는 경찰의 모습 등이 비춰졌다. 또 굽히지 않고 일어서는 많은 노동자들의 모습도 영상으로 살아났다. 거기다 비장한 음악이 감정이입에 한층 도움을 주었다. 그러자 예의 강렬한 설렘의 감정이 북받치며 두려움 없이 무대에 올라설 수 있었다.

"동지 여러분! 우리가 왜 이렇게 당하고 살아야만 합니까? 우리가 물건을 훔쳤습니까? 아니면 남을 해치기라도 했습니까? 오늘 우리는 비참하게 짓밟히고 말았습니다……."

나는 연기가 아닌 실제 나 자신의 이야기를 뜨겁게 무대 위에 쏟아놓고 있었다. 어떤 노동자보다도 더 비참하고 힘겨웠던 장애인 노동자로 살아온 지난날이 가슴속에 되살아났다. 그토록 일하고 싶었던 나에게 돌을 던진 세상, 그토록 발버둥친 나에게 돌아온 것은 나에 대한 몰이해였다. 5년 동안의 노력이 물거품으로 돌아갔지만, 그 후 세상은 나에게 단 한 번의 기회도 주지 않았다. 몸 성한 사람들도 꺼리는 일조차 마다하지 않고 감사히 해야 했던 그 세상, 그 사람들. 언제나 나를 이등 인간으로 얕잡아본 세상사람들을 향한 절규가 울음이 되어 객석에 울려퍼졌다.

객석에는 처연함마저 감돌았다. 나를 아는 관객들은 억울한 노동자의 삶보다 뼈아팠던 나의 지난날을 떠올리고 함께 울었다. 그 아픔이 그곳에 모인 사람들의 가슴을 울리고 있었다.

　"비록 지금 우리의 힘이 약해서 당한다 해도 우리는 결코 우리의 정당한 삶을 포기하지 않을 것입니다. 동지 여러분! 우리 모두 힘을 냅시다. 희망을 가집시다! 포기하지 않는 것이 행복입니다!!"

　객석에서 박수가 터져나왔다. 불안스레 휘청이는 팔다리로 '결코 포기하지 않는 희망, 그것이 바로 행복' 임을 외치는 자그마한 청년의 절실한 몸짓이 사람들에게 깊은 인상을 심어주었나 보다. 가장 약하고 불완전한 이 몸뚱이가 멀쩡한 사람들의 마음속 불구를 일깨울 수 있다면 그것은 나의 '결코 포기하지 않는 삶' 에 있지 않았을까, 생각해본다. 한없이 절망의 나락으로 떨어질 때조차 결코 포기한 적 없는 나의 질긴 생명력의 비밀은 역시 '희망' 에 있었다.

　나에게 희망이란 행복과 동의어다. 혹은 또 사랑과도 같은 말이다. 희망을 잃지 않으면 행복으로 갈 수 있다. 행복한 사람은 사랑을 가진 사람이기도 하다. 그러므로 행복한 사람은 희망이 있고 사랑이 있는 사람이다. 내가 몸 성하고 마음 불구인 사람들과 다른 것은 그 모든 아픔을 뛰어넘어 행복의 열쇠를 쥐고 있다는 것이다. 포기하지 않는 사랑, 비록 상처받아도 사랑으로 돌려주는 게 바로 나의 행복의 열쇠였다.

그 연극 이후 내성적인 성격이 점차 변해갔다. 이제 세상과의 소통을 경험한 나는 스스로 세상으로, 사람들에게로 직접 나아가 손을 뻗는 청년이 되었다. 실직의 세월을 보내면서 힘겨워할 때 오광 형은 다시 한 번 나를 일으켜 세웠다. IMF의 힘든 시기에 영세중소기업이 많았던 부천에도 실직자가 많았다. 그들을 위한 취업알선센터인 '희망의 나눔터'를 조직하면서 오광 형은 마테오 형과 함께 나에게 참여할 것을 제의했다.

그리고 본격적인 봉사를 시작했을 때 오광 형도 깜짝 놀랄 만큼 나는 달라져 있었다. 지금까지의 수줍고 망설임 많던 청년은 사라지고 사랑 많고 적극적인 장수명으로 변해 있었다. 그리고 그 변화가 평생을 통해 나의 삶을 얼마나 풍성하고 아름답게 만들지는 오광 형조차 짐작하지 못한 일이었다.

힘겨운 시절에 절망 속에 있던 숱한 실직자들이 일을 찾아, 생존을 찾아 헤매느라 거칠고 예민해져 있을 때, 쓸데없는 자격지심으로 툭하면 싸움판을 벌였을 때 나는 아픈 그들의 가슴에 귀를 기울였다. 좀더 지혜롭게 현명한 판단으로 그들을 감싸안고 싶었다. 그때부터 나는 사람들 사이에 길을 내고, 소통하는 방법이 무엇인지 알게 되었고, 그것이 '사랑'이라는 이름으로 출발한다는 것을 깨달았다.

그런 경험들 때문일까. 나는 가급적 여러 사람이 함께 참여하는 일에 동참하여 일을 성사시키려고 노력했고, 덕분에 기쁨과 보람을 같이 나누는 일에 익숙해져갔다. 이런 나를 사람들은 너무 추켜세운다. 많은 사람들에게 아주 사소한 기쁨을 선물하기 위해 호들갑떠는 나를 '이벤트의 황제'라고 불러줄 정도로 말이다.

"그런 일이 힘들거나 어렵지 않느냐"는 어떤 기자의 질문에 이렇게 말한 적이 있다.

"결과를 한번 상상해보세요, 나 때문에 사람들이 생각지도 않은 기쁨을 느끼고 좋아할 것을. 그럼 하나도 힘이 안 들어요. 너무너무 신나죠. 생각만 해도 신나서 준비하는 과정도 얼마나 재밌는데요. 어우, 정말 좋아요!"

그 재미를 상상하다 보면 어느새 너무 좋아 부르르 몸이 떨려온다. 이럴 때 빼놓을 수 없는 것이 내 입가에서 번져나오는 웃음이다. 가급적 화알짝, "웃어야 복이 옵니다."라고 말하듯이. 마음 안에서 퐁퐁 솟는 내 사랑이 퍼지고 퍼져서 사람들 사이를 건너고 건너가길 바랄 뿐이다.

인터뷰 잡지책을 덮으며 생각해보니 며칠 후면 마테오 형의 생일이다. 옛 희망의 나눔터 식구들이 또 한번 모일 것이다. 오광 형을 비롯해서 종미, 영미, 미경 누나들을 오랜만에 한꺼번에 볼 수 있을 것이다. 이런 일에 앞장서서 연락을 하고 사람들을 모으는 일도 언제나 내 몫이다. 늘 따로따로 보긴 하지만 한자리에 다같이 모이기 위해서는 내가 꼭 사람들을 어울려야 한다.

　지금 이러는 게 마치 투정부리는 것 같아도 난 이때가 행복하다. 며칠 후에 있을 회합에 벌써부터 마음이 부풀어오른다. 그리고 지금 이 순간, 그리운 사람들의 목소리를 찾아 휴대폰의 단축번호를 꾸욱 누르고 있다. 내 손은 다름아닌 '행복'이란 숫자를 누르고 있는 것이다.

행복한 나그네 5년

손바닥만한 도로 한 켠을 점유할 수 있다는 그 종이쪽 한 장.
그 허가서 한 장이 기적처럼 나의 눈앞에 놓였을 때 울고 말았다.
가슴에 차오르는 희열을 감당 못해 아무 말도 하지 못하고 눈물만 흘렸다.

새로운 삶이다!

하루가 저물어가는 시간, 사람들 발길이 제 둥지를 향하는 저녁나절에 행복한 나그네 매표소 앞은 여느 때와 달리 북적거린다. 여름의 긴 해가 마지막 빛을 아쉬워하며 비스듬히 하늘가를 지나고 사람들 그림자가 길바닥에 길게 얽히며 서로를 정겨워한다. 한낮의 더운 공기는 어느새 슬며시 시들고 기분 좋은 바람이 살살 돌아다니며 구수한 막걸리 냄새를 실어 나른다.

앞마당에 아이들을 위한 간단한 다과가 준비되어 있고 간이의자와 돗자리까지 마련되어 있다. 퇴근을 마친 사람들이 속속 매표소 앞으로 모여든다. 모두들 행복한 나그네 매표소의 5주년을 축하하러 찾아온 내 정겨운 벗들이다.

매일매일 만나는 사람들, 오랜만에 만나는 지인들도 속속 도착하자 매표소 주변은 와자지껄 잔치마당으로 변했다. 나와 동갑내기 친구인 양 신부님도 오시고, 노동사목의 오랜 친구들, 동네 친구들, 동창들, 매표소 주변의 주민들, 지나다니다 친구가 된 참으로 다양한 각계각층 사람들이 서로 악수하고 껄껄, 까르까르 웃어댔다. 이들은 사실 소속은 전부 다르면서도 나와의 인연으로 일찍부터 서로들 안면을 익혀왔다. 오자마자 나를 제쳐두고 자기들끼리 반가워서 신이 난 사람들이 더 많았다.

행복한 나그네 매표소에 들르다 보면 하루에도 서너 명씩 새로운 사람들을 자연히 알게 된다. 같이 밥 먹고 술도 한잔 하고, 그러다 서로 전화도 하게 되고, 결국 나이에 상관 없이 친구가 되는 일이 이곳 매표소의 순리이다. 하기야 나는 언제나 시공을 초월한 친구를 만들어내길 좋아한다. 초등학생 꼬맹이부터 나이 지긋하신 노인분들, 심지어 온 가족이 통째로 나의 친구가 될 만큼 내 사랑의 주파수는 늘 띠띠 울리고, 사랑이 너무 넘쳐 탈이다.

부모를 따라온 꼬마 아이들은 또 저희끼리 어울려 사람들 틈을 비집고 다니며 뜀박질이었다. 지나던 행인들도 길을 멈추고 함께 즐기길 자청했다. 바쁜 사람들은 매표소 주인장에게 축하말을 남기고 떠나기도 했다.

노동사목의 노래패 친구들이 도착하여 공연을 준비하고 성권이나 현실이, 영현이 같은 친구들은 행사 준비에 직접 발벗고 나서서 도와주었다. 일곱 시부터 시작하려던 행사가 사람들이 줄을 잇는 바람에 20분쯤 지나서야 궤도에 올랐다. 참석자들이 어느 정도 모이자 앞마당 가운데로 나가서 말을 건넸다.

"여러분 안녕하세요?"

"안녕하세요?"

인사를 하자 사람들이 우렁차게 화답해주었고 꼬마들은 새롭게 손을 흔들며 '삼촌 안녕!'을 외쳤다.

"늘 행복한 나그네 매표소를 자주 찾아주시는 친구분들! 오늘이 나그네 매표소 다섯 돌이에요. 이렇게 기념마당에 참석해주셔서 정말 고맙구요, 여러분 덕분에 제가 행복한 나그네로 남을 수 있어서 정말 좋습니다."

사람들이 좋아, 좋아 하면서 박수를 쳤다.

"그래서 오늘 제가 여러분을 초대해서 즐거운 한때를 만들어드리려구요. 그동안 우리 매표소가 어떻게 지내왔나 한번 보시고요, 노래 끝내주게 잘하는 우리 사목 노래패 '다모아'의 공연도 준비돼 있어요. 보시고 앞으로 제가 어떻게 가야 할지 말씀도 해주세요. 참, 오엑스 퀴즈도 잘 맞히시면 공짜 복권 드리니까 당첨 기회도 꽉 잡아보세요.

마지막으로 오늘 막걸리랑 아이들 과자는 제가 준비했지만 중요한 맥주는 여러 형님들 도움으로 여러분 목을 축여드릴 수 있게 됐습니다. 거기 감자며 강냉이며 못생겨도 맛있는 먹거리들은 누님들이 챙겨주셨고요. 형, 누나들 고맙습니다. 자, 재밌게 즐겨주세요."

모두들 싱글벙글 즐거운 한때다. 커다란 스크린에 행복한 나그네 매표소의 발자취가 그려진다. 5년 전의 첫 모습부터 사람들과 함께 해온 매표소 모습이.

나만의 독특한 '행복한 나그네 매표소'가 탄생하기까지 나는 평소 생각하고 있던 것을 끊임없이 행동으로 옮기는 노력을 아끼지 않았다. 힘겹게 매표소 문을 열었지만 처음부터 네모의 컨테이너박스뿐인 그야말로 무색무취한 매표소를 그냥 내버려둘 수는 없었다. 늘 사람들이 그리웠던 나는 버스표와 잔돈이 오가는 창구를 과감히 없애고 유리창을 내었고, 매표소 벽을 푸르게, 푸르게 색칠했다. 성장을 꿈꾸며 그렇게 초록나무처럼 매표소를 푸르게 만들었다. 그리고 점점 매표소의 살림이 늘어났다. 마치 시집오는 새색시처럼 매표소를 곱게 단장한 뒤 건물 지붕 위에 스피커를 달고, '예쁜 얼굴 보세요' 거울도 달았다. 그리고 아름다운 시가 붙어 있는 게시판, 우편함에 이르기까지. 행복을 여는 전위예술이 이런 것 아닌가, 착각하면서 날마다 변하는 매표소의 모습에 스스로 감탄하면서 매표소 가꾸기에 여념이 없었다.

이 작은 공간을 얻어내고 지키기 위해 그동안 얼마나 많은 애를 썼던가. 그것을 생각하면 코끝이 먼저 찡해온다. 공유지인 이곳에 한 평 남짓한 내 공간을 만들어내기 위해 일당백을 불사하는 전투를 벌여야 했다.

특히 견딜 수 없었던 것은 매표소에서 음악을 들려주고 매표소 벽면에 게시판을 붙이고 거울을 다는 행위들이 '불법' 행위라는 점이었다. 길을 오가는 사람들에게 작은 '사랑' 과 '위안' 을 주려는 행위들이 법적으로 잘못된 것이라니. 이해할 수 없는 일이었다. 이런 문제와 부닥칠 때마다 구청직원을 설득하는 일이 제일 어려웠다. "사람들이 모두 좋아해요. 나는 매표소에 오는 사람들에게 웃음과 행복을 주고 싶었을 뿐이에요!" 늘 신경을 곤두세우며 구청직원과 얘기하는 내 입에서는 단내가 날 정도였다. 개중에는 내가 매표소사업을 따낸 것에 불만을 품고 매표소 앞에서 노골적으로 방해를 하는 이도 있었다. 매표소를 세우는 것도, 매표소를 지키는 것도 하나같이 녹록치 않은 일이었다.

그리 힘들게 얻은 매표소이기에 내게는 마치 생명과도 같은 것이다. 5년 전 이 매표소를 얻기 위해 꼬박 7개월이 걸렸다. 이 사소한 (?) 매표소 하나를 얻기 위해 젖 먹던 힘을 모두 동원해서 목숨 바쳐 얻어냈다면 사람들이 쉽게 믿어줄까.

처음 매표소 사업 건에 대한 정보를 알게 되었던 것은 1999년 새해를 맞이하는 첫날, 지리산 꼭대기에서였다. 인천 구청에 다니는 미경 누나로부터 장애인이나 국가유공자, 생활보호대상자 등에게 매표소 사업에 대한 우선권이 주어진다는 얘기를 들었다. 그 말을 듣는 순간, 나의 가슴이 벌써 콩당콩당 뛰기 시작했다. 기나긴 실직의 터널 끝에 한 점 작은 불빛이 나에게 손짓하고 있음을 알았다. 드디어 괴로운 3년간의 인생 고행이 끝나는 것인가. 그 한 점 불빛을 불씨삼아 인생에 불을 밝히고 싶었다. 너무 오래, 너무 힘들게 견뎌온 3년이 아니었던가!

희망으로 두근거리는 가슴을 안고 산을 내려온 나는 당장 무언가를 하고 싶었지만 너무나 막연했다. 어떻게 할 것인가. 그런데 문제는 실제로 매표소를 운영하는 사람들이 장애인이나 생활보호대상자, 유공자들이 아니라는 것이다. 왜, 무슨 이유로 '대상자'에 속하는 사람들이 매표소를 운영하지 않는 걸까? 매표소 주인들은 어떻게 그 일을 맡을 수 있게 된 걸까? 나의 의구심은 더욱 커졌다.

우선 가장 번화한 부천 중앙극장 앞의 매표소를 대상으로 그 원인을 알아보려 했다. 매일 한두 차례 이곳에 들러 음료수를 사먹었다. 인내심을 갖고 주인과 안면을 트는 일이 먼저였다. 그렇게 보름쯤 지나서야 궁금한 것들을 하나씩 물어볼 수 있었다.

"아저씨, 이런 매표소 하려면 어떻게 해야 돼요? 저 같은 장애인이 하는 사업이라던데요."

"글쎄, 나는 잘 모르겠는데. 나야 뭐 월급쟁이라."

"이거 아저씨가 하는 게 아니세요? 저도 매표소 하고 싶은데 어떻게 해야 할지를 몰라서요. 아저씨, 저 꼭 일해야 하거든요. 꼭 이 일을 하고 싶어요. 좀 도와주세요."

"아유, 이게 보기보단 힘들어요. 장애인들이 잘 못한다고."

"이래 봬도 제가 산을 10년 가까이 다녀서요, 보기보다 튼실하거든요. 전 못 하는 일이 없어요. 직장에서도 별것 다하면서 5년 넘게 다녔구요, 무거운 것도 잘 들고, 일도 오래 할 수 있고요."

"참, 젊은 사람이 딱하시우. 이게 그렇게 쉽게 되는 게 아니에요."

매표소 아저씨 말에 따르면 장애인협회가 시에서 일괄적으로 사업을 따내고 협회에 등록된 장애인들이 그 일을 하게 된다고 했다. 하지만 장애인이 실제로는 노동을 하기 힘든 경우가 많기 때문에 명의만 갖고 실질적인 사업자를 따로 두는 수가 많았다. 그런 대리사업자는 장애인이 아니지만 그 사업을 생계로 삼는 월급 사장이 되는 것이었다.

그렇다면 나도 도전해볼 만하다고 생각했다. 나는 '장애인' 이라는 우선 조건에 부합하니까. 그리고 무엇보다도 그 일은 힘든 육체노동에 단련된 나에게 충분히 적합한 일인 데다, 부도가 나거나 실직을 당할 염려가 없는 평생직장일 테니까.

나의 가슴이 희망으로 가득 부풀어올랐다. 다시 일할 수 있게 된다! 갑자기 감회가 새로워지면서 이미 십여 년이 되어가는 첫 취직 때의 일이 불현듯 떠올랐다.

"돈은 안 주셔도 돼요. 일만 하게 해주세요."

고3, 아직 뺨에 홍조도 안 가신 앳된 학생이던 그때 실습 나갔던 회사에 간절히 부탁한 적이 있었다. 일할 기회를 달라고. 고개를 갸웃거리면서도 그 회사는 나의 성적표와 담임선생님의 훌륭한 추천서를 담보로 간신히 허락해주었다. 이러한 허락을 받는 데 일조를 한 총무과장은 나의 어깨를 두드리며 "사회는 학교와는 다른 거야. 열심히 해봐." 하고 말해주었다. 사회로 들어서는 인생의 첫 관문에서 그 과장님은 나의 손과 다리에 애써 격려를 보내고 남들이 주지 않은 첫 기회를 내게 주었던 것이다.

그때를 생각하니 눈시울이 뜨거워졌다. 사회가 얼마나 냉엄할지 얼마나 험난한 아픔을 겪게 될지 모르던 시절 난 처음이자 마지막으로 내게 기회를 준 과장님의 손에 이끌려 그 후 6년 세월을 견딜 수 있었다.

그러나 이제는 다르리라. 이제 그런 총무과장은 없고 나도 열아홉 순진한 소년이 아니다. 돈을 안 주서도 열심히 일하겠다는 그 계산법은 틀렸다. 나는 이제 그것을 잘 아는 청년이 되었다. 그리고 누구에게도 뒤지지 않을 내 자신의 가치를 위해서 세상의 부당함과 싸울 준비가 되어 있었다. 이로써 구청 건축과로의 출근이 시작되었다. 첫날 매표소 사업을 신청하러 왔다고 했을 때 과장이란 사람은 두툼한 서류철을 냅다 책상 위로 던지며 말했다.

"이게 다 매표소 하겠단 신청 서류요. 헛공 들이지 말고 그냥 돌아가쇼."

불쾌하기 짝이 없는 응대였다. 물론 그렇다고 그냥 물러설 내가 아니었다. 그렇게 많은 사람이 신청을 했다면 나라고 왜 못할 것인가. 이미 신청자가 많다고 해서 새로운 신청자가 서류조차 못 내밀 이유는 없었다. 누구 하나 나에게 관심을 가져주는 사람이 없었지만 아침마다 공무원들과 함께 출근했고 날마다 매표소 사업신청에 필요한 구비서류가 뭐냐고 물었다. 그리고 그들과 함께 퇴근했다.

민망한 날들이 이어졌다. 각기 제 할일 하는 사무실에서 직원도 손님도 아닌, 나 무소속 장수명만이 외로운 섬처럼 떠 있었다. 아무도 거들떠보지 않고 아무도 말 걸지 않는, 나 혼자만 한가한 그 방에서 구청은 처음엔 냉랭했고 다음엔 화를 냈고 그 다음엔 미워하더니 그 다음에야 귀찮아졌는지 두 손을 들었다. 결국 신청서를 내라고 구비서류를 알려주었을 때는 이미 한 달이 지나 있었다. 그러거나 말거나 한꺼번에 관련 서류를 갖추어서 당장 접수를 했다.

그러나 나는 서류를 낸다고 몇 개 안 되는 매표소를 나한테 내줄 리 없다는 것을 누구보다 잘 알고 있었다. 더구나 무슨무슨 장애인협회에 가입도 하지 않은 내게 그런 선심을 쓸 구청이 아니지 않은가. 그저 나를 떼어버리려고 접수나 시켜준 것이겠지.

2단계 출근 작전이 계속 이어졌다. 내가 다시 사무실에 나타났을 때 과장은 너무나 어이가 없어서 아연실색했다. "할 일도 없는데 결과 나올 때까지 기다리겠다"는 호리호리한 장애인 청년을 그가 이겨낼 수는 없었다. 아무리 면전에 화를 내도 꿈쩍도 않는 장애인을 번쩍 안아 들어내거나 끌어낼 수도 없었다. 그리고 보니 나에게 장애인이란 사실이 처음으로 무기가 되어 날 방어해준 셈이었다. 나

'장수명'은 과장에게 어떤 부하직원도 해결해줄 수 없는 난제로 남았다. 더구나 구청의 다른 부서까지 나의 괴상한 출근 소문이 퍼지고 퍼져 과장을 괴롭혔다.

그와 반대로 오로지 이 하나에 스물아홉의 인생을, 아니 미래까지 모두 다 걸고 있는 나는 확고한 신념으로 무장되어 있었다. 가급적 몸을 빨리 놀리고 눈치껏 눈에 나지 않도록 행동했다. 절대 그저 앉아서 빈둥거리지는 않았다. 사무실의 돌아가는 사정이나 민원 따위를 일찌감치 파악하여 사무실 안에서 내가 할 수 있는 일을 도왔다.

민원인을 안내하고 직원들이 일하는 데 필요한 작은 일을 돕고 때론 심부름도 하였다. 그러다 보니 마치 내가 사무실의 자원봉사자 같은 느낌이 들었다. '자원봉사'는 이미 나에게 익숙한 말이 아니었던가. 희망의 나눔터에서 사람들을 친절히 대하면서 그들에게 필요한 서비스를 베풀고 사람들과 조화를 이루려고 노력했던 것이 결코 헛되지 않았다. 구청 사무실에서도 내가 해줄 수 있는 그 어떤 조그마한 일도 마다하지 않고 기꺼운 마음으로 도왔다. 아마도 모르는 사람이 봤다면 나를 구청 사환으로 오해했을지도 모른다.

그러나 시간은 무섭게 흘러갔다. 그렇게 한 달, 두 달, 석 달……. 날이 갈수록 나의 마음속에서 의구심이 더욱 깊어지고 힘찬 용기도 수그러들었다. 정말 이렇게 해서 되기는 하는 걸까, 내가 제대로 가

고 있나, 이런 의혹들이 생기면서 자괴감과 절망감이 다시 고개를
쳐들었다.

그럴 때마다 내 곁에는 언제나 마테오 형과 오광 형이 있었다. 시
나브로 지쳐가던 어느 날 오광 형이 내게 물었다.

"너 진정으로 꼭, 그 일을 할 작정이냐?"

"예! 꼭 해야겠어요."

"정말! 절실히 원해?"

"꼭 하겠어요. 더 이상 물러설 수가 없어요. 이거 아니면 끝장이라
구요."

더 이상 물러설 곳이 없었던 나는 단호히 말했다. 3년 동안 부천
시내에 일할 만한 곳이면 내가 휩쓸고 다니지 않은 곳이 없었다. 3
년을 그랬으니 사실 부천 시내에 내가 갈 만한 곳은 더 이상 없는 셈
이었다. 어느 곳에서도 날 원치 않았던 것이다.

나에게는 발바닥을 딛고 일어설 한 뼘 땅이 필요했다. 지난 3년간
의 처절한 슬픔을 다시 겪지 않으려면, 그리고 앞으로 남은 생을 무
기력한 인간으로 살아가지 않으려면 꼭 그 매표소 사업권이 필요했
다. 제대로 설 수 있고, 그리하여 뿌리내릴 수 있는 한 줌 흙이 꼭 필
요했던 것이다.

"그렇다면 목숨을 걸고 덤벼라. 이게 될까, 안 되면 어쩌지 하는

생각 따위는 아예 하지도 마라. 반드시 된다! 그렇게 믿고 목숨을 걸고 밀어붙여!'

그리하여 나는 한 점의 의혹도 없이 결연할 수 있었다. '내가 이 세상에 꼭 필요한 인간'이라는 사실을 온 세상에 내 목숨을 걸고 증명하려 했다.

그 후로도 이어진 길고 긴 구청과의 줄다리기. 그것이 어느새 반 년을 넘어 일곱 달째로 접어들고 있었다.

"물론 쉽지 않을 줄은 압니다. 하지만 장애인은 우선순위가 있지요. 제가 바로 그런 사람입니다. 게다가 제가 알아본 바로는 실제로 장애인이 운영하는 매표소보다 대리사업자가 운영하는 게 더 많아요. 그건 사실 불법이지요."

"그래서 언제까지 이렇게 진드기 작전을 쓸 건가?"

"물론 될 때까지요. 저는 장애인이라도 직접 일할 수 있는 사람이라구요. 일하겠다는 장애인에게 권리가 있는 정당한 사업신청서를 냈는데 뭐가 문젠가요? 과장님도 아시겠지만 제가 흐지부지 물러서는 일은 없을 겁니다."

"……."

"젊은 놈 사람답게 살게 해주십쇼. 게다가 대리사업자 문제는, 물론 그 사람들도 생계를 이어가고 있는 서민일 뿐이지만 문제 삼기로

들면 저 같은 사람은 충분히 문제 삼을 권리가 있지요."

"알아. 속 터지긴 하지만 자네 대단해. 대단하다고."

"그거 칭찬이지요?"

"참 나, 말이나 못하면."

그렇게 장장 7개월 만에 드디어 허가가 떨어졌다. 손바닥만한 도로 한 켠을 점유할 수 있다는 그 종이쪽 한 장. 그 허가서 한 장이 기적처럼 나의 눈앞에 놓였을 때 울고 말았다. 가슴에 차오르는 희열을 감당 못해 아무 말도 하지 못하고 눈물만 흘렸다.

새로운 삶이다!

새 삶이 열리고 있었다. 발바닥이 닳도록 돌아다니다 죽고 싶었던 어느 날의 기억도, 몰인정한 경비원에게 쫓겨나며 눈물 흘렸던 기억도 봄눈 녹듯 녹아들며 가슴이 먹먹했다. 그 허가서를 품에 안은 어머니의 눈에 말간 눈물이 흘러내리는 것을 보았을 때, 난 이제야 발바닥 붙일 한 뼘 땅을 가졌다는 사실을 실감했다.

5년이나 지난 일인데도 생각하면 새삼 눈시울이 뜨거워진다. 그렇게 시작한 5년의 오늘을 돌아보니 또 한 번 가슴이 벅차올랐다. 나를 축하해주러 온 이 많은 사람들, 사심 없이 웃고 기대며 마음을 나누는 모습들, 작은 일에 함께하고 소소한 인생사에 눈물짓는 마음들. 나의 마음 깊은 곳에서 따뜻한 물이 차오르듯 훈훈한 그 무언가가 퐁퐁 솟아올랐다.

노래패의 공연이 절정에 오르고 있었다. 공연단과 함께 부르는 사람들의 힘찬 노랫소리가 나에게 바치는 헌사처럼 밤하늘을 울리며 아름답게 퍼져나갔다.

"지독한 외로움에 쩔쩔 매본 사람은 알게 되지 음~ 알게 되지
그 슬픔 굴하지 않고 비켜서지 않으며, 어느 결에 반짝이는
꽃눈을 달고 우렁우렁 잎들을 키우는 사랑이야말로
짙푸른 숲이 되고 산이 되어 메아리로 남는다는 것을
누가 뭐래도 사람이 꽃보다 아름다워,
이 모든 외로움 이겨낸 바로 그 사람
누가 뭐래도 그대는 꽃보다 아름다워,
노래의 온기를 품고 사는
바로 그대, 바로 당신, 바로 우리, 우린 참사람~~"

가을

아직 부치지 못한
연시(연애편지)

언제나 첫사랑, '행복 우체통'

다시는 사랑할 수 없을 것 같던 그 시절을 뚫고 지금 나는 사랑을 하고 산다.
"한 사람만 사랑하면 백 프로 내 눈에서 눈물 흘려요.
많은 사람을 사랑하면 같이 울고 웃고 같이 사랑하고 행복해져요."

공기가 달라졌다. 내가 가장 좋아하는 가을이 오고 있다. 귓불을
스치는 바람이 더 이상 뜨겁지 않고 대기는 살랑살랑 유순하게 웃고
있다. 쨍쨍거리던 햇살이 말갛고 보들보들 변해 있다. 시퍼렇게 기
세등등하던 가로수도 앞마당의 암녹색 나무도 조금은 그 기세가 누
그러진 표정이다.

해 지는 저녁이 오면 풀벌레 소리도 반갑고 밤하늘 맑은 하늘에 휘엉청 뜬 달빛도 참 어여쁘다. 하루가 다르게 날이 변하고 있는 것을 코끝으로 느낄 수 있다. 나무냄새, 선선한 바람의 맛, 드높은 하늘······.

하루 중 내가 가장 좋아하는 시간이 왔다. 이 시간을 생각하면 아침부터 가슴이 설렌다. 육교까지 힘겹게 청소를 하면서도 잠시 후에 가지게 될 '나만의 휴식'을 생각하면 벌써부터 힘이 불끈 솟는다.

요새 부쩍 이 시간이 기다려진다. 아이들 학교 보내고, 남편 출근시키고, 후닥닥 설거지와 청소를 마치고 맞이하는 평화로운 시간. 그 유일한 혼자만의 휴식시간에 따끈한 커피에 우아한 음악을 듣는 주부의 마음이 이런 것일까. 재잘대며 학교로 들어가는 아이들 모습도 사라지고, 총총히 직장으로 발길을 옮기는 사람들의 모습이 자취를 감출 때, 이내 '마음을 닮은 행복통'으로 몸이 기운다. 오늘은 무슨 사연의 편지가 들어 있을까, 이제 행복통을 열어보는 것이 하루의 중요한 일과가 되었다. '마음을 닮은 행복통'은 내가 한 달 전쯤 설치한 행복한 나그네 매표소의 전용 우편함이다.

처음 내 자작시를 손수 지나는 사람들에게 나눠 줬을 때, 사람들의 무표정한 얼굴은 한마디로 충격이었다. 그들은 시를 읽어보기는커녕 그냥 휴지통에 처박기 일쑤였다. "이 따위 시가 대체 나랑 무슨 상관이란 말인가?' 이렇게 말을 건네듯 사람들의 냉소적인 표정들이 사정없이 내 얼굴에 꽂혔다. 그러나 피끓는 지옥의 한철을 보낸 내가 그런 눈빛에 주눅들 수야 없지. 나는 이내 복수를 하겠다는 기세로 그 얼굴을 일일이 기억하고 자못 비장하게 결심하곤 했다. '아, 저 아저씨! 다음에는 더 멋진 웃음으로 시를 나눠줘야지!' 기죽지 않고 더 당당히 미소를 던진다. 그러면 웃는 낯에 침 못 뱉는다고 그렇게 무심히 매표소를 지나치던 사람들이 이제는 내게 먼저 말을 건넨다.

"오늘은 왜 시를 나눠주지 않는 거요?'

어어, 이렇게 행복할 수가. 비로소 나는 진정 꿈꾸던 행복을 찾은 것 같아 기뻐 날뛰며 그들에게 '살인미소'를 화들짝 보낸다. 고백하자면 나는 종종 살인미소를 '살인미수'라고 엽기적으로 사용할 때도 있다.

게다가 '마음을 닮은 행복통'을 열어보는 재미는 그 무엇에 비유할까. 말 못할 사연이 있는 아가씨, 듣고 싶은 음악이 있는 소녀, 하고픈 말이 있는 총각 등 나의 우편함은 요술통처럼 갖가지 빛깔의 글들이 달그락 소리를 내며 나를 겁나게 들뜨게 한다. 하루에 적게는 몇 통, 많을 때는 십여 통이나 되는 반가운 편지들이 줄을 이었다. 나는 때론 신청음악을 틀어주는 디제이가 되었다가, 실연한 아가씨의 마음을 달래주는 사랑의 치유사가 되었다가, 고달픈 인생 함께하는 길동무가 되어주기도 한다.

"아저씨, 아저씨, 이따 점심때랑 집에 갈 때랑 꼭 제가 신청한 음악 틀어주셔야 돼요? 꼭요!"

아까 등굣길에 애교쟁이 은주가 아침부터 방방 떠서 행복통에 카드를 넣었다.

"그래 알았어. 그 우편함 안 만들어놨음 어쩔 뻔 했어 그래?"

"헤헤, 이거 기분 내기 되게 좋아요. DJ한테 음악 신청하는 것 같잖아요."

"오우, 그럼 내가 DJ?"

"있죠, 이따 내 친구랑 같이 올게요. 우리가 올 때 음악이 짠~ 하고 나와야 돼요!"

"오케이, 알아 모시지요."

여자들은 한 달에 한 번 마법에 걸린다? 아니아니, 수명이는 매일매일 마법에 걸린다.

"오늘은 어떤 사람들이 무슨 얘길 했나, 어디 행복통아, 오늘의 마법은 무엇인고?"

나는 오가는 사람들의 갖가지 사연을 접하면서 열병을 앓듯 사람들과 사랑을 하고 있다는 걸 깨달았다. 이것이 사랑의 결핍에서 나온 또 다른 내 방식의 사랑법일까. 중요한 것은 이제 사람들도 나, 수명을 사랑한다는 사실이다. 그래서 편지들을 읽다 보면 기쁘고 뿌 듯하고, 내가 그래도 잘 살고 있는 거야, 스스로 만족해하는 자신을 발견하게 된다. 이제 나는 넘치는 사랑을 마음속 깊숙이 숨기지 않 아도 되는 것이다.

오늘 사연 중에서 인상 깊었던 것은 '많은 나그네들 중의 하나' 라 고만 밝힌 주부의 글이었다. 매표소를 오가면서, 나를 보면서 결혼 전 즐겨 쓰던 노트를 다시 펼쳐보게 되었다고. 나의 사는 모습을 오 래도록 기억하며 힘내서 열심히 살고 싶다는 내용이었다. 또 '그믐 달' 이라는 한 친구는 '행복한 나그네 매표소' 와 거울 앞 전경을 카 메라에 담았다고 했다. 비록 자기가 타는 버스가 이곳에 정차하지 않아 아쉬웠지만 매표소를 보는 순간 이대로 그냥 매표소에 머물고 싶었다고 아쉬움을 전했다.

그렇다면 늘 생글생글 웃는 은주의 쪽지에는 무슨 신청곡이 담겼 을까. 펼쳐보자마자 귀여운 캐릭터인형 그림이 종이를 누비며 온통 보아의 노래로 도배되어 있었다. 보아를 좋아하는 친구의 생일을 축 하하는 마음에서 이렇게 신청하는 것이라나. 친구사랑이 넘치는 은 주는 정말로 얼굴도 예쁘지만 마음도 예쁘다. 그리고 내가 주목한 또 하나의 편지가 있었다.

"⋯⋯버스도 끊긴 새벽 두 시. 오늘 부천역에서 제가 사는 덕유
마을까지 걸었습니다. 매일 버스 안에서 지나치는 이곳 매표소
를 오늘은 차마 그냥 지나칠 수가 없네요. 이곳 벽에 붙어 있는
시를 읽고서는⋯⋯.

정말 제 영혼을 다 바쳐서 사랑했던 그녀가 이 근처에 살고 있
답니다. 저의 많은 실수로 이제는 다시 만나지 못할 그 사람이
이곳에 들를 것만 같아서, 이곳의 시를 읽을 것만 같아서, 내가
그동안 차마 못했던 얘기를 대신 해주고 있는 이 시를 읽게 될
것 같아서요."

'이 친구도 나처럼 짝사랑을 했던 걸까. 왜 사랑하는 이와 만나지
못하고 한밤중 슬픔에 빠져 있었던 걸까⋯⋯.' 그 순간 내 마음은
지난날의 지독한 짝사랑의 기억으로 걷잡을 수 없이 달려갔다. 좋아
한다, 사랑한다, 단 한마디 말도 못한 채 떠나보낸 첫사랑의 그녀.
스무 살 시절 내게 지워지지 않을 화인을 새겼던 미선에 대한 추억
으로 가슴 한켠이 저릿하게 아려왔다.

그녀와 매일 아침 마주치던 그 해에 난 열아홉 살의 고3, 첫 직장
이 될 회사에 실습을 나가는, 아직은 학생이었다. 날마다 출근길에
골목 끝에서 마주쳤던 그녀. 우연치고는 너무나 자주 부딪쳤다. '운

명일까? 그러다 그녀가 하루라도 안 보이면 마음이 허전하여 오던 길 다시 되돌아가고 싶었다. '오늘 무슨 일이 있는 걸까?' 생각하다가 머리를 콕콕 쥐어박으며 스스로에게 기합을 넣기도 했다. "야야, 정신 퍼뜩 차리거라, 퍼뜩!'

마음은 늘 표현하고 싶지만 그녀 앞에만 서면 벙어리가 되었다. 모른 척, 큰길 버스정류장까지 앞서거니 뒤서거니 그렇게 여섯 달을 보냈다. 내가 정류장을 지나 직장까지 걸어가는 동안 그녀는 22번 버스를 타고 떠나버렸다. 아침마다 그녀를 보고 걷는 10분의 행복에 고달픈 6개월이 어떻게 가는지 몰랐다.

그러다가 지각하여 허둥대던 어느 날 저녁, 퇴근을 하고서야 지갑을 잃은 것을 알았다. 그리고 다음날 그 지갑이 그녀의 손에 들려 나타났을 때 '어제 지갑 잃어버리셨죠?' 하는 그녀의 웃는 모습이 그렇게 환하고 이쁜 줄 처음 알았다. 훤칠한 키에 늘씬한 그녀는 스무 살, 웃을 때면 초승달 모양으로 눈이 먼저 웃음짓는 귀여운 여자였다.

말문을 튼 후 1년간 우리 두 사람은 꿈같은 시간을 같이 보냈다. 일주일에 두세 번씩 예술의 전당으로 공개홀로 연주회니 콘서트니 즐거이 다니며 직장에서의 힘겨웠던 1년을 이겨낼 수 있었다. 주말이면 이대 앞으로 놀러도 가고 영화관도 가고 남들 하는 데이트를 즐기면서 나는 비로소 새로운 인생을 사는 듯했다.

그녀가 지갑을 건넨 그날 둘이 처음으로 음악회에 갔었는데, 귀가를 서두르며 키 큰 그녀가 성큼성큼 걸어갈 때 다리가 불편한 나는 그 걸음을 따라갈 수 없어서 당황했었다. 뛰면 더욱 불안정해지는 걸음을 계속할 수 없어서 결국 앞서 가는 그녀를 부르고 말았다.

"내가 몸이 이래서 그렇게 빨리 못 가요."

"아 참, 그렇구나. 미안미안."

생긋 웃으며 어깨를 나란히 맞추는 그녀를 보며 나는 왠지 모를 서글픔을 느꼈다.

'내 다리가 미선 씨와 나란히 갈 수 없구나…….'

처음으로 그녀 앞에서 휘청이는 내 다리가 의식되었다. 그 후로도 급히 서둘러 걸음을 걸을 때면 그녀는 깜박 잊고 성큼성큼 갔다가 아차, 하며 나를 기다려주곤 하는 일이 종종 있었다. 그렇게 즐거운 1년이 쏜살처럼 가고 그녀의 빛나던 낯빛이 자주 흐려지는 기미를 보이던 어느 즈음에 그녀는 더 이상의 특별한 만남을 원치 않았다. 날마다 보아도 정말 좋을 듯한 그녀가 아침의 10분 인사만으로 발길을 끊었던 것이다. 그 뒤 오로지 하루의 10분, 내 삶의 행복은 그것으로 만족해야 했다.

이미 그녀는 내 맘 깊숙이 박혀 있었다. 그녀를 담고 있는 스무 살 청춘은 언제나 목이 말랐다. 눈을 떠도 감아도 떠오르는 그녀가 마음속에 함께 숨쉬고 있었다. 좋아한단 말도 못하고 손 한 번 잡아본 적도 없었다. 단지 아침의 딱, 10분. 그저 그렇게 그녀를 바라보는 것만으로 갈증을 달래기에는 너무나 아프고 슬픈 다섯 달이 더디게 갔다.

왜 그녀는 마음이 시들해진 걸까? 그런데 왜 내 마음은 처음처럼, 아니 처음보다 더 불타오르는 걸까. 난 더 이상 견딜 수도 버틸 수도 없었다.

눈 오는 토요일 오후 그녀의 무선호출기에 음성을 남기고 부천역 근처 로얄백화점 앞에서 그녀를 기다렸다. 그녀가 올 때까지 기다리리라……. 눈은 내리고 날은 저물고 오후 내 애타게 기다렸지만 그녀는 끝내 나타나지 않았다. 밤 아홉 시, 추위와 허기에 지쳐 그녀의 집으로 전화를 할 때에는 울고만 싶었다.

"나, 너무 춥고 힘들어……."

"세상에, 아직까지 거기 있다고? 너 미쳤구나? 아니 아니 거기 가만 있어. 지금 갈게!"

하얗게 눈을 맞고 서 있는 나에게 달려온 그녀의 첫마디는 "미쳤어! 미쳤어!" 항변하는 소리였다. 그녀가 울고 있었다. 미안하다고, 잘못했다고 울먹이며 그녀는 내 흐르는 눈물을 훔쳐주었다.

처음으로 갖는 둘의 술자리. 그동안 그녀의 고민은 무엇이었나.

"수명아, 우린 ……이건 아니야."

"……"

"넌 내 동생 친구야. 재민이 알지. 재민이가 내 동생이란다."

"!!"

뜬금없이 튀어나온 초등학교 동창생의 이름. 그녀는 친구의 누나였다. 청천벽력靑天霹靂이었다.

"난 누나야. 우리 이제부터 누나 동생으로 지내자. 그래도 잘 지낼 수 있지?"

"……"

그 때문이었을까, 그녀가 나에게 오기를 멈춘 것은. 정말 그것뿐이었을까.

새벽, 그녀와 함께 걷는 골목길이 끝났다. 홀로 걷는 100미터도 안 되는 골목길이 지옥처럼 나를 삼키는 듯했다. 그녀를 들여보내고 하염없이 계속되는 골목길을 다 걷지 못하고 그만 주저앉고 말았다. 그녀 앞에선 차마 흐르지 못했던 눈물이 더 이상 숨을 데를 찾지 못하고 몸부림치며 줄줄 흘러나왔다. 금시라도 가슴이 터져 산산조각이 날 것만 같았다. 공기 중에 티끌처럼 흩날려 사라질 수만 있다면! 헉헉 뿜어져나오는 허연 입김처럼 새벽하늘로 사라져버렸으면! 차가운 겨울, 텅 빈 골목길에 스무 살 청춘 풋풋한 청년의 울음만 목놓아 메아리쳤다.

　그 후로 찢기는 가슴을 몰래하고 여전히 그녀와 아침인사를 나누었다. 진짜 누이처럼 여겨지는 그녀와의 따뜻한 데이트도 가끔씩 있었다. 내가 사랑하는 여자가 원하는 만큼의 자리가 여기라면 이거라도 좋아, 그렇게 스스로를 위로하고 있었다. 그저 바라보기만 하는 시간이 힘겹게 아주 느리게 흘러갔다.

　어느 날 수녀들이 노래하고 춤추는 신나는 영화를 함께 보았다. 그녀가 지나가는 말처럼 무심결에 "곧 맞선을 보게 될 것 같아."라며 눈을 마주하지 않고 말했다. 나는 흔연하게 정말 아무렇지도 않다는 듯 "선 보세요, 보셔야죠." 이렇게 말했다. 그렇게 서먹하게 헤어진 뒤, 그녀와 연락이 닿지 않았다.

　몇 달이 지나 다른 사람으로부터 그녀가 곧 결혼해서 먼 나라로 떠나게 될 거라는 소식을 들었다. 나는 또 혼자 울었다. 아니 이번에는 그녀의 생일에 내가 선물했던 녹음테이프와 함께 울었다. 지난 2년간 7월은 오로지 그녀의 생일이 있기에 의미 있는 달이었다. 7월이 아무리 무덥고 힘들다 해도 그 뜨거움도 작열하는 태양도 푸르른 녹음도 다 그녀를 위한 것이 아니었던가. 오로지 그녀 때문에 7월은 행복한 계절이었는데. 그 생일에 한적한 커피숍을 빌려 단둘이 음악을 듣고 내가 녹음한 축하곡을 들으며 그렇게 살갑게 보냈건만…….
세 번째 맞는 그녀의 생일은 나 홀로 우는 날이었다.

그녀와 마지막이었던 그 해 여름, 그녀와 그녀의 친구 둘과 함께
술자리를 갖게 되었다. 그날 그녀는 마셨다. 나도 슬픔에 취해 마셨
다. 너무 늦은 밤 결국 한 친구의 자취방까지 이어진 술자리에서 그
녀와 나는 마지막 시간이 다가오고 있음을 아쉬워했다. 일찌감치 잠
에 떨어진 두 친구를 버려두고 우리는 둘만의 슬픔에 우리 자신을
맡기고 있었다. 그날 그녀는 마침내 고백을 하였다.

"수명아, 넌 너무 착하고 순수해. 널 잊을 수 있을까……. 다시는
너만큼 좋은 사람 만날 수 없겠지."

"누나는 행복할 거야."

"내 잘못이야. 내 잘못으로 너를 이렇게 괴롭게 했다. 사실은 널,
참 많이 좋아했다, 내가."

"그런데 왜, 왜 그랬는데?"

"이젠 다 끝났다. 미안하다."

"……왜, 미안해해……."

그녀는 울었다. 나도 울었다.

"누나, 한 가지만 대답해줘. 그것 때문이야? 내 몸, 이 몸 때문에?"

그녀의 울음소리가 흑 높아졌다.

"정말 그런 거야?"

"미안해, 미안해, 내가 미안해⋯⋯."

그녀가 완강히 고개를 저었다. 자신도 부정하고 싶은 고갯짓. 그래서 더욱 숨길 수 없는 긍정의 고갯짓이었다. 돌아올 대답이 두려워 끝까지 묻지 못했던 그 물음을 나는 기어이 토해냈다.

"내 몸 때문이냐고. 대답해봐."

불면 날아갈까 아까워, 으스러지게 손 한 번 잡아보지 못한 그녀를 처음으로 거칠게 잡아 흔들며 나는 대답을 종용했다. 그녀가 내 무릎 아래로 푹 꺾여 들며 울음을 틀어막았다.

"그래, 그것 때문에 그것 때문에!"

"아아⋯⋯."

내 몸이 자꾸 바닥으로 꺼져들었다. 결국 그것이로구나. 가장 두렵던 그것이었다. 친구의 누이 따위 나에게는 문제가 되지 않았다. 그녀만 마음이 단단하다면 비록 내 몸이 그렇다 해도 친구도 부모도 아무도 두렵지 않았다. 어떻게든 그녀를 내 사람으로 만들 수 있다고 생각해왔다. 오로지 하나, 내가 이겨내지 못할 두려운 한 가지만 아니라면야. 그런데 지금 그 두려운 한 가지를 바로 그녀가 답한 것이다. 길은 없었다.

그녀를 배웅하는 마지막 새벽. 그녀는 겁도 없이 내 손을 끌고 자기 집으로 데리고 갔다. 기절할 듯 놀라는 어머니 손에 등짝을 맞고 혼찌검을 당하는 그녀가 가여웠다. 그녀를 감싸고 대신 매를 맞아도 그녀가 아프지 않기만 바랐다. 그녀는 나의 손을 잡고 밥을 먹고 가라 했다. 무서운 것도 없는지 나에게 정성스레 아침상을 차려주고 밥을 꾹꾹 퍼담아 주는 그녀 앞에 마주앉아 그녀도 나도 밥알 한 알도 삼키지 못했다.

그렇게 불꽃같던 2년간의 사랑은 깊은 자국만 남긴 채 사그라졌다. 처음 늦은 밤길에서 나를 앞서 성큼성큼 걸었던 그녀는 결국 내가 쫓아갈 수 없는 먼 곳으로 떠났다. 그녀는 갔고 나만 홀로 남겨졌다. 그녀의 추억, 그녀의 웃음, 그녀가 준 상처와 함께.

혼자 휘청휘청 골목길을 걸으며 한여름 새벽이 한겨울 혹한보다도 더 나를 춥게 만들었다. 바다 깊숙이 사랑하는 일 쉽고 하늘 넓은 곳곳에 사랑하는 일 많은데 나는 땅 위에서 사람으로 사람을 사랑하는 일이 왜 이다지도 어려운가! 홀로 간직한 채 그리 쉬운 사랑을 하지 못하는 일이, 왜 나에게만 있는가! 쓰디쓴 위액이 명치를 쥐어짜고 어찌해도 잊지 못할 그녀의 눈웃음이 순간, 가슴을 할퀴어댔다.

모르는 남자의 편지 위로 눈물이 방울방울 떨어져 내렸다. 다시 쓴물이 가슴으로 차오르는 것 같다. 그녀와의 기억은 10년이 지나도 여전히 아프다. 어쩌면 평생 아물지 않는 벌건 생살로 남게 될지도 모른다. 상처만큼 그리움도 깊고 세월만큼 사랑도 깊어졌다. 다시는 사랑할 수 없을 것 같던 그 시절을 뚫고 지금 나는 사랑을 하고 산다. 그녀에게만 쏟았던 외곬사랑이 아니라 퍼내도 퍼내도 끊임없이 나오는 화수분 속의 사랑을.

"한 사람만 사랑하면 백 프로 내 눈에서 눈물 흘려요. 많은 사람을 사랑하면 같이 울고 웃고 같이 사랑하고 행복해져요."

이제 나는 그렇게 말할 줄 아는 남자가 되었다. 행복통 남자의 편지에는 시를 읽은 보답으로 좋아하는 음악을 시디로 만들어 두고 가겠다는 약속도 있었다. 남자는 어쩌면 그가 잃은 그녀가 좋아했던 노래를 모아오지 않을까, 나는 웃음지며 생각해보았다. 그 옛날 그녀에게 만들어준 테이프에 그녀가 좋아하는 노래를 가득 담았던 나처럼. 이동원이 부른 '애인' 노래를 그녀는 좋아했다. 내가 만든 테이프 속에서 울림 좋은 이동원의 목소리가 호소했었다.

"그대 새벽하늘 울다 지친 길 잃은 작은 별,
그대 다시 돌아와 내 야윈 청춘의 이마 위에
그 고운 손 말없이 얹어준다면
사랑하리라, 사랑하리라 더 늦기 전에."

육교변신

해규 형이 그 이쁜 다리를 뽐내는 육교를 건너 맑은 하늘 속으로 사라졌다.

혼자 나는 중얼거렸다. "아직 내게 나타나지 않은 사랑하는 사람아, 나 그대와 언젠가는 이 육교에서 아름다운 결혼식을 올리리라."

오늘은 기분이 더욱 좋다. 이른 아침 내, 잎을 꾹 닫고 있던 앞마당의 나팔꽃도 내 기분을 아는지 어느새 꽃잎을 활짝 열고 함박웃음을 보낸다. 행복한 나그네 매표소 주변에 있는 거대한 육교가 새색시마냥 오늘 꽃단장하는 날이다. 그동안 그 육교는 웅장하지만 아름답지는 못했다, 적어도 나의 미적 감각으로는. 아침 7시가 되면 어김없이 매표소에서 육교까지 청소를 한다. 그런데 비질을 할 때마다 늘 이 육교가 맘에 걸렸다. '새롭게 옷단장하고 육교 벽면에 멋진 그림만 그려넣으면 정말 근사할 텐데.'

또 다시 나의 생각이 근질근질, 행동으로 옮길 태세를 갖추었다. 남이 시킨 것도 아닌데 아름다운 육교 만들기에 전력투구했다. 또 구청과 티격태격, 통과의례적인 일들이 벌어졌고 2년 가까이 육교를 두고 몸살을 앓아야 했다. 그리고 드디어 열여덟 개나 되는 육교 교각에 환한 꽃그림이 그려지는 순간이다.

"저렇게 그림을 그리니까 참 좋네. 훨씬 보기 좋지?"

해규 형님이 파라솔 아래 앉아 커피를 즐기며 학교 앞에 보이는 육교 쪽을 보고 있다. 그는 육교 건너편에 살고 있는데, 나는 늘 매니저 형님이라고 부르며 자잘한 일들에 대해서 그와 상의를 하는 편이다.

"그럼요. 그림이 있으면 사람들이 광고지 안 붙여요. 사람들도 깨끗한 데는 더럽히지 않더라니까요."

"그래?"

"네에. 이쪽은 내내 맨기둥이어서 사람들이 광고지랑 스티커를 얼마나 많이 붙였는데요."

"어? 그랬나? 우리 건물 앞에는 안 그랬는데."

"그쪽 육교 다리는 벌써 그림 칠했던 데라 깨끗했죠. 제가 그것 때문에 얼마나 구청에 전활 해댔게요."

"그랬구나. 그러게 애초에 왜 육교 다릴 반만 칠했대?"

"글쎄 말이에요. 또 예산이 없었나."

해규 형님과 함께 육교 다리가 예쁘게 채색 되는 것을 흐뭇이 바라보며 '드디어 일이 끝났구나!' 안도의 숨을 쉴 수 있었다. 무려 두 달 동안이나 계속되어온 공사이다 보니 이를 지켜보는 내 마음은 집을 새롭게 단장하는 아버지 마음 같았다. 그뿐인가. 그동안 육교 때문에 수시로 구청에 들락날락 하면서 민원을 내고 조르고 정말로 쉽지 않은 일이었다.

맨 처음 매표소 문을 열었을 때 이곳은 정말 살풍경 그 자체였다. 지붕도 없이 달랑 팻말만 하나 박힌 횡한 정류소와 도로에서 불어오는 온갖 먼지를 뒤집어쓴 육교가 전부였다. 건너편에 상가건물이 한 채 서 있었지만, 이곳은 완전 딴 동네라 여겨질 만큼 황량하기 짝이 없었다. 이 육교로 말할 것 같으면 계단 옆구리 쪽에 장애인용 비탈길이 유(U)자 모양으로 커다랗게 붙어 있다는 점에서 지금껏 보아온 그 어떤 육교보다도 거대하고 훌륭했다. 그러나 육교의 양쪽 교각이 문제였다. 교각 벽면에는 광고스티커와 전단지가 한 치의 틈도 없이 빼곡히 붙어 있다. 강아지를 찾습니다, 아르바이트 급구, 빌딩 급매, 국영수 과외, 배달맨 구함……. 큰 글씨로 쓰인 폭력적 문구로 육교는 몸살을 앓고 있었다.

너무 지저분하여 보는 즉시 와다닥 뜯어내고 싶은 충동이 일었지만 누가 감히 득도 없는 그런 일에 발벗고 나서겠는가. 그러나 좋으나 싫으나 나는 매일 육교 옆에서 살아야 할 사람이었다. 누구라도 이렇게 육교 가까이서 항상 지내야 한다면 날마다 보게 될 그 교각을 그냥 이대로 두고 볼 수는 없었으리라.

하여 나는 좋은 아이디어를 하나 떠올렸다. 그런 육교의 흉한 모습을 그대로 카메라에 담아 구청에 보냈던 것이다. 물론 "육교를 예쁘게 색칠해주세요" 이런 내용이 담긴 건의서도 함께 제출했다. 돌아온 대답은 예상대로였다. '예산부족' 이라는 이유로 보기좋게 거절당했다. 이젠 기가 막히지도 않았다. 하도 많이 당해본 '당연거절' 은 마음속에 몸속에 사자성어처럼 박혔다. '흥, 그럴 줄 알았어. 그래 어디 천천히 해보시자고.' 오히려 느긋하게 마음먹는 여유를 부리기도 했다.

어느새 나는 공무원을 잘 다루는 도사(?)가 되어가고 있었다. 다행히 당시 함께 건의했던 정류소에 지붕을 올려달라는 건의안이 통과되어 연말에는 무척 바빴다. 12월에 정류소 지붕이 올라가고 유리펜스에는 버스노선도가 그려지고 의자도 자리를 잡아 제법 정류소 품새를 갖추게 되었다.

　그러자 정류소의 유리펜스와 의자를 닦는 일이 나의 아침 일과에 새로 추가되었다. 그런 수고는 유리펜스에 광고지를 붙여대는 시민들과의 숨바꼭질로 이어졌다. 어떤 사람들은 자기 광고지를 떼어낸다고 대놓고 나에게 따지기도 했다.

　"이봐, 정류소가 당신 꺼야? 왜 남의 전단지를 함부로 떼?"

　"이런 공공장소에 광고지를 붙이면 지저분하잖아요? 내 것도 아니지만 손님 것도 아니고 여길 이용하는 모든 사람들 거 아닙니까. 공공장소니까 깨끗하게 사용해야죠."

　"당신 남의 밥줄을 함부로 이래도 돼? 네가 뭔데 상관야?"

　"나, 여기 매표소 주인이에요. 이 정류장 매표소에서 일하니까 여기 청소도 내가 합니다."

　이런 실랑이가 날이면 날마다 이어졌다. 그럴수록 오기가 발동해 유리를 한 점 티끌 없이 맑게 닦았다. 그러기를 서너 달, 결국 광고지는 자취를 감추고 정류소는 하루 종일 말끔한 얼굴을 했다. 사람들도 더러운 데를 더럽게 쓰지 깨끗한 데는 함부로 더럽히지 않는다는 걸 그때 알게 되었다.

　그러다 육교의 교각에 그림을 그릴 만한 대학 동아리가 없을까 궁리하기에 이르렀다. 그 와중에 반갑게도 육교의 도색작업이 시작되다니 반갑기 그지없었다. 육교 문제로 구청을 기웃거린 지 1년이 넘은 때였다. 그러나 기쁨도 잠시! 육교 건너편의 교각에만 그림이 입혀졌다. 기가 막혀 말문을 열 수 없었다. 이쪽은 도로를 따라 울타리처럼 관목이 늘어서서 눈에 잘 띄지 않기 때문인지, 아니면 예산이 모자라 그랬는지 아무튼 육교 다리는 짝짝이가 되어버렸다.

"아니 무슨 일을 이따위로 한담? 일을 하다 말다니. 그래 어디 두고 보자고!"

나의 예상대로 그림칠을 한 건너편 교각에는 사람들이 더 이상 광고지를 붙이지 않았지만 이쪽 교각은 금방 광고지와 스티커로 얼룩졌다. 나는 또 비교되는 두 교각의 사진을 열심히 구청에 냈다.

처음엔 광고지가 보일 때마다 일일이 뜯어냈지만 얼마 지나지 않아 광고지는 손이 닿는 교각 곳곳을 에워쌌고 급기야 나도 광고지와의 싸움에 손을 들고 말았다. 비바람에 광고지가 날리고 찢겨나갈 때면 나도 청소부 아저씨도 그 근처를 치우느라 애를 먹었다. 도로 안으로 종이가 날아들기라도 하면 행여 운전자의 시선을 방해할까봐 걱정도 됐다. 그런 날은 또 심술이 나서 사진을 찍고, 현상한 사진을 정리해서 구청에 제출했다.

그러던 것이 갑자기 '예산 상정'이 되었는지 구청에서 육교에 관심을 보인 것이다. 처음 말을 꺼낸 지 2년이 지나서야 얻은 쾌거이

므로 반갑지 않을 수 없었다. 처음엔 낡은 육교 바닥을 모두 새 돌로 바꾸는 일부터 시작했다. 육교 난간을 따라 조명등도 설치하고 청소도 깨끗이 하고 보니 육교도 인물이 훤해졌다. 도심의 허공을 가로지르는 거대한 구조물이 흉물스레 걸려 있을 때는 공간 전체가 우중충해 보였는데 말끔하게 새 단장을 하자 주변 아파트와 어우러져 환한 분위기를 자아냈다.

어느 누구보다도 공사를 반가워할 사람은 나였지만 공사 내내 한 가지 걱정으로 맘 편할 날이 없었다. 육교를 청소할 때는 어마어마한 수압으로 물줄기를 쏘아대는 살수차의 굉음이 장난이 아니었다. 먼지와 기름때도 엄청났겠지만 문제는 그 후 육교에 도색작업을 용이하게 하기 위해 기존의 칠을 벗겨내는 일에도 그 살수차를 이용하는 것이었다. 맞으면 딱 죽게 생긴 그 수압의 위력이라니! 고막이 터질 듯한 그 굉음은 한 달 내내 거리를 쩡쩡 울렸다. 그 굉음의 폭력이 이만저만이 아니라서 육교 도색하라고 민원을 계속했던 나는 양심이 좀 찔렸다. 여름날 머리를 울려대는 소음을 한 달이나 참아내는 것이 솔직히 보통 일은 아니다. 주민들이 화를 낼 때마다 내가 마치 큰 잘못을 저지른 양 속으로 미안해하곤 했다.

그래서 생각해낸 것이 불평하는 손님들에게 예전에 찍어두었던 육교 사진을 보여주는 것이었다. 자기 동네에 있는 큰 구조물이 그렇게 후줄근한 모습이길 바라는 사람은 아무도 없을 것이다. 그래서 괭음을 견디는 데 보탬이 되고자 홍보하는 심정으로 손님들이 잠시 쉬거나 복권번호를 적느라 앉아 있으면 틈틈이 사진을 꺼내들어 설명을 했다.

"어때요? 저 육교 정말 더러웠죠?"

퇴근길에 복권번호를 고르고 있는 낯익은 두 손님에게 또 사진을 보이며 내가 물었다.

"정말 그러네."

"난 만날 다니면서도 관심 없이 지나쳤는데 이걸 다 찍어놨어?"

"그동안 시끄러워 고생은 했어도 이랬던 게 저렇게 달라지니까 참 좋죠."

"우리 아파트 옆동 사람은 너무 시끄러워서 구청에 민원도 했다니까요."

"헉, 정말요?"

손님의 말을 듣고 깜짝 놀라며 구청에 잔소리 하는 사람이 나 말고도 또 있구나 생각했다.

"그래도 한 달 참으니까 동네가 훤해져서 앞으로 십 년은 끄떡없겠어요."

내가 도색 민원을 요청해서 저렇게 요란을 떠는 거라고는 차마

말 못하고 멀끔해진 육교 칭찬밖에 달리 할 말이 없어서 그런 정도로만 해뒀다.

"두고 보세요. 이젠 육교 다리에 스티커랑 광고지도 깨끗이 사라질 거예요. 건너편은 그림 그린 뒤로 깨끗해졌는데 이쪽은 이제야 그림칠을 하게 되었어요. 이제 구질구질한 육교는 안녕이에요."

"사람들 심리가 참 희한해?"

소음 민원인의 옆동 산다던 아저씨가 복권번호를 다 적고는 갸웃거렸다.

"정말 그래요. 첨엔 정류소 유리에도 붙였는데 계속 깨끗하니까 지금은 안 붙이잖아요. 제가 그것 때문에 얼마나 고생했게요. 오죽하면 구청에다 저를 관리위임인으로 지정해달라고까지 해봤어요."

"그랬더니? 위임해줍디까?"

"웬걸요. 이런 공공시설물은 개인이 관리 못하게 돼 있대요. 그래, 관리를 맡길 수도 없다지요."

"에헤, 그럼 공무원 자기들이 똑똑하게 관리 좀 하지?"

빙긋이 웃던 다른 손님이 맞장구치듯 받는다.

"우리 나그네 쥔장한테 그런 거 맡기면 끝내주게 잘할 텐데. 그렇지 않나?"

"오오, 제 말이요, 제 말이 그 말이에요! 저한테 맡기기만 하면, 으아! 내가 끝장내주죠."

"하하하하, 저런 열혈시민 잘 써먹어야 하는데 아깝네그려."

나의 생각은 이렇다. 공공시설이 깨끗해야 도시도 밝아진다는 것. 지금 내가 살고 있는 곳이 좋아야 그곳을 잠시 오가는 나그네들도 행복하지 않겠는가. 그런 생각을 하면 내 생각이 다시 비약한다.

'왜 매표소가 꼭 네모 모양이어야 하지?

동그라미, 세모, 네모, 버섯 모양, 기차 모양……. 이렇게 매표소가 예술품처럼 거리를 장식한다면 얼마나 좋을까 꿈꾸어보았다. 이때 커피를 다 마신 해규 형님이 로또 용지를 뽑아든다.

"수명아, 기분 좋으니까 로또나 한 게임 해볼까?"

해규 형님이 적은 번호를 기계에 입력했다. 그리고 번호가 보이지 않도록 영수증을 재빨리 뽑아주었다.

"형님, 번호 보지 말고 주말까지 기다려요. 알았죠? 행운 번호로 당첨이 되거라! 수리수리 마수리!!"

"약발이 잘 받아야 할 텐데 말이다."

형님이 "나, 간다." 인사하면서 육교 쪽으로 걸어갔다. 화사하게 페인트칠이 된 육교 다리가 보기에 좋았다. 해규 형이 그 이쁜 다리를 뽐내고 있는 육교를 건너 맑은 하늘 속으로 사라져갔다.

난 혼자 중얼거렸다.

"아직 내게 나타나지 않은 사랑하는 사람아, 나 그대와 언젠가는 이 육교에서 아름다운 결혼식을 올리리라."

아무래도 오늘 밤 꿈속에서 나는 새단장한 이 육교에서 결혼식을 올리는 꿈을 꿀 것만 같다.

'나로 인해 사람들이 자신을 돌아보고 힘을 얻게 된다,

그것이 정말 내가 태어난 이유일지 모른다.

더욱이 내 장애가 그들 마음에 더 큰 울림을 주려는 뜻이라면…….'

마음에 좋은 치료사

그렇게 마음먹자 지금 내가 갖고 있는 '장애'는 전혀 문제가 되지 않았다.

'내 장애를 세상을 위해 쓰리라.' 이후 나의 '장애'는 더 이상 상처받지 않았다.

이른 아침이면 콧속이 근질근질하다. 매표소 문을 여는 아침 일곱 시. 서늘해진 가을 공기가 "이제 알러지 비염의 계절이에요!"라고 말을 걸었다. 잠자리에서 일어나면 대여섯 번의 재채기로 하루를 시작하는 게 보통이었다. 매표소에 나와 청소하면서도 알싸한 가을 공기 때문인지 서너 번씩 재채기를 해댔다.

청소하다가 빛바랜 풀잎에 몽긋몽긋 매달린 앞마당의 이슬을 발견했다. 손으로 톡 건드리니 이슬이 깜짝 놀라 몸을 부르르 떨더니 흙 속으로 후두둑 숨어들었다. 나뭇잎들이 마르고 있었다. 수분이 날아간 바삭한 잎들이 바람결에 가볍게 나부끼고 있었다. 잎들은 자신의 몸을 말려 노랗게, 불그레하게 다시 아름답게 피어나고 있었다. 새로운 부활인 것이다.

엽록소를 빼앗기고 처연히 드러난 노르스름한 잎맥이 젊음을 잃은 슬픔인 듯 애잔해보였다. 나는 이 가을의 느낌을 하나도 빠짐 없이 폐 속 깊숙이 몸 안으로 끌어들였다. 가슴이 허했고, 무척 외로웠다.

"안녕하세요? 어서 오세요. 네, 감사합니다."

그래도 사람들이 출근길에 오르면 금세 슬픔이 가시곤 했다. 버스표를 내주고, 따끈한 커피를 쥐어주고, 잔돈을 바꿔주고, 길 알려주고……. "나요, 외로울 새가 없어요!" 마치 이렇게 말하는 사람처럼 다시 분주한 일상을 맞이하였다.

8시 35분. 어김없이 그 여자가 지나간다. 매표소에 돈을 내밀고 시선은 내리깐 채로 버스표를 주길 기다리고 있다. 처음부터 이 매표소 주변을 지나다녔던 여자는 아닌 것 같은데 언제부터인가 매일 아침 마주치는 사이가 되었다. 나는 그 여자를 일명 '쌀쌀이' 라고 불렀다. 매표소를 이용하는 사람 중 유일하게 나의 인사를 외면하는 그야말로 쌀쌀맞은 여자였다. 그렇다고 미운 마음이 드는 것은 아니다. 단지 나의 상식으로는 도저히 이해할 수 없는 특이한 여자라고나 할까. 그런 여자에게 나는 무슨 마음에서인지 석 달이 넘도록 받아주지 않는 인사를 하고 있었다. 석 달 넘게 여자는 내게 눈길 한 번, 답례의 고갯짓 한 번 보낸 적 없었다. 그래도 나는 그녀에게 계속 인사를 해댔다.

"안녕하세요? 버스표, 여기요. 고맙습니다, 안녕히 가세요."

늘 변함 없는 나의 인사에 그녀의 맘이 움직이기 시작한 걸까.

3개월 지나면서 어느 날부터인가 여자의 표정이 달라졌다. 살짝 고개를 숙여 나에게 인사를 하고 지나갔다! 약간 어색한 표정으로 보일 듯 말 듯 묘하게 인사했지만 예민한 나는 눈치챌 수 있었다. 분명 예전과는 다른 느낌이었다.

사실 그 순간, 너무 기뻐 놀라 자빠질 뻔했다. 그녀는 그렇게 내게 충격을 안겨주고 순식간에 사라져버렸다. 그녀가 떠나고 나자 내 자신을 의심하기 시작했다. '혹시 내가 잘못 본 건 아닐까……'

그러나 역시 내가 옳았다. 그 사건 이후 매일 아침 그녀는 살짝 답례를 하며 지나갔다. 그녀의 서릿발 같은 매서운 눈동자도 이제 순한 양처럼 녹아 있었다. 도대체 무엇이 그녀를 변하게 했을까.

"이게 뭐예요?"

처음으로 그녀가 내게 눈을 맞추며 말을 건넸다. 그러고 보니 벙어리는 아니었다. 버스표와 함께 내민 종잇장을 두고 묻는 말이었다.

"'미소가 아름다운 사람은' 이라고 제가 쓴 시예요. 매표소 하면서 처음에 사람들이 하도 무뚝뚝하고 삭막하길래 제가 그냥 사람들에게 바라는 것을 써본 거예요."

아차, 어쩐지 그 여자를 비난하는 말같이 들린 것은 아닐까. 그러나 여자가 별다른 반응 없이 "예에." 하고 돌아섰다. 그 뒤로 여자의 태도가 눈에 띄게 부드러워졌고 우리는 차츰 대화를 나누는 사이가 되었다. 어느 정도 지나서 스스럼없이 친해졌을 때 그녀에게 물었다.

"왜 처음에 내가 열심히 인사할 때 그렇게 인사 안 받았어요?"

"…… 사람이 싫어서요. 그냥 사람이 싫고 말도 하기 싫고……. 첨엔 이 사람이 왜 이러나 싶었어요."

"왜요? 받지도 않는 인사를 너무 열심히 해서?"

"내가 그렇게 못되게 구는데 기분도 안 나빴어요?"

"이런 사람 저런 사람 다 있지, 그래도 내 할 일은 하자, 그랬죠. 그게 내 방침이니까."

"그랬구나. 어휴, 난 또 날 좋아하나 하고 맘대로 착각했죠?"

그녀가 깔깔 웃으며 놀리듯 말했다. 그러더니 정색을 했다.

"미안해요. 진심도 모르고 함부로 굴어서."

어느 날 저녁 그녀가 몹시 우울한 얼굴로 앞마당 파라솔 아래에 앉아 있었다. 어쩐지 혼자 있고 싶어하는 것 같아 눈인사만 하고 한 동안 혼자 있게 두었다. 퇴근 시간이 지나고 매표소 앞이 한산해지 자 앞마당으로 나가 앉았다. 한참 만에 그녀가 입을 열었다.

"사실은요, 제가 간호사예요. 아픈 사람 돌보는, 백의의 천사라는 간호사요."

휴우, 하고 답답한지 그녀가 한숨을 내쉬었다.

"근데 난 어떤지 아세요? 사람들이 미워죽겠는 거예요. 징징대고, 말도 안 되는 생떼나 쓰고, 구질구질하게 굴고……. 제가요. 처음에 는 그저 수명 씨가 이상하게 보였어요. 그냥 장삿속으로 아첨하는 줄 알았다구요."

"……"

"그러다 TV에서 봤어요. 어떻게 매표소를 하게 됐고 어떻게 살아 왔는지, 무슨 생각을 하는 사람인지……. 내가 얼마나 충격 받은 줄 아세요?"

그녀가 신경질적으로 흘러내리는 머리를 쓸어올렸다. 잠시 침묵 하더니 다시 내게 따지듯 쏘아댔다.

"어쩜 세상을 저렇게 사는 사람도 있을까. 난 사람들이 싫은데 수명 씨는 사람들 속에 있는 게 어릴 적부터 소망이었다죠. 그래서 나 같은 사람한테도 끝없이 인사를 하고 웃음짓는다구요. 어떻게 그럴 수가 있어요?"

"내가 사람을 좋아하는 것처럼 사람을 싫어하는 사람도 있을 수 있겠죠."

"있죠, 난 정말 아직 멀었나 봐요. 그동안 정말 내 자신에 대해 많이 생각해봤거든요. 내가 어떻게 살고 있나 돌아보기도 하고……. 난 내가 많이 달라진 줄 알았어요. 어쩐지 그 할아버지가 불쌍하단 생각이 들어서, 다들 그 환자 담당하는 거 싫어하는데 그냥, 내가 해보겠다고 했어요. 별로 밉단 생각이 안 들었다구요. 며칠 전만 해도요. 그런데 역시. 후우, 난 안 돼요."

절레절레 머리를 흔들고는 그녀가 망연히 시선을 떨궜다. 그 사이 나는 캔맥주 두 개를 들고 나와 하나를 내밀었다. 삐딱한 표정으로 캔맥주를 노려보던 그녀가 픽 웃으며 맥주를 따고 벌컥벌컥 마셨다.

사람이 밉다……. 믿기지 않겠지만 나에게도 그런 일이 있었다. 매표소를 열고 몇 달이 지나자 내 매표소는 사람들의 눈길을 끌었다. 사람들은 이색적인 매표소를 운영하는 내 모습을 좋아하기 시작했다. 긴 실업자 생활을 마감하고 매표소를 시작했을 때 얼마나 기쁘고 세상 모두에 감사했던가. 이름도 성도 알 수 없는 사람들을 위해, 그리고 그늘진 세상을 밝게 비추기 위해 음악을 틀고, 쉼터를 마련하고, 청소를 했다. 한없는 미소를 보내고, 세상을 향한 내 마음이 담겨 있는 시를 오가는 사람들에게 나누어주었다. 하다못해 일요일이면 버스를 직접 타고 다니며 노선과 지리를 익혀 길을 헤매는 사람들에게 길안내를 해주었다. 그러자 매표소와 나를 좋아하게 된 사람들이 나를 보기 위해 찾아오기도 하고 심지어 일부러 한 정거장씩 걸어와 말을 건네는 사람도 있었다. 내 마음을 알아주는 세상사람들이 너무도 좋고, 마냥 행복했다.

그러나 사람들은 내게서 뭔가 더 자극적인, 불행 속에 꽃핀 '성공'을 확인하고 싶어했다. 그러려면 각본상 나는 '중증 장애인'이어야 했다. "어머, 생각보다 별로 장애가 심하지 않네요." 이 말도 견딜 만했다. 그러나 '뇌성마비의 중증 장애인'으로 소개된 어느 기사를 읽고는 그만 울어버렸다. 두 살 때 열병을 앓아 가벼운 소아마비가 된 것인데, 굳이 '뇌성마비 중증 장애인' 취급을 했던 것이었다. 유명세를 탈 만큼 대단치도 않은데 '장애인'이란 것 때문에 내가 주목받는 것은 아닌가 괴로웠다. 보통 사람이 이런 일을 했다면 이렇게 호들갑 떨지도 않았을 텐데…… 언제부터인가 어설프게 설익은 나의 장애를 바라보게 되었다. 장애의 원흉, 손과 다리를 의식

하기 시작했다. 그러자 다시 사람들이 무서워지고 세상에 대한 미움
이 싹트자 결국 신부님께 찾아가 고백성사를 올려야 했다. 동갑내기
양 신부님이 내게 말을 건넸다.

"사람들이 수명 씨 때문에 힘을 낸다고, 고맙다고 편지하고 찾아
오고 할 때가 제일 보람 있다 그랬죠?"

"그렇죠."

"요새는 어때요? 요즘도 그런 연락 많이 오나요?"

"여전하죠. 아침마다 행복통 우편함 열어보는 게 제일 기대되는
일인걸요."

"사람마다 하느님한테 받은 소명이 있답니다. 수명 씨의 소명은
무엇인 것 같습니까?"

"……."

"수명 씨의 몸이 불편한 것도 다 이유가 있을 겁니다. 몸만 멀쩡하
니 마음이 병들어가는 사람들한테 바로 수명 씨가 필요할 거란 생각
안 드나요? 수명 씨 사는 모습이 사람들에게 빛이 되고 희망이 된단
생각 안 해보셨나요?"

"내가 몸이 불편한 게 오히려 잘된 일일까요?"

"그보다는 몸이 불편한 수명 씨만이 할 수 있는 일이 있다는 거지
요. 수명 씨는 지금 그걸 하고 있는 겁니다."

"그게 진짜 내 소명일까요?"

"사람들이 수명 씨 사는 모습을 보고 '저런 사람도 저렇게 열심히, 건강하게 살아가는데 나는 뭐하는 거지?' 하고 반성하게 될 테니까요. 단 한 사람이라도 그렇게 용기를 얻는다면, 그게 바로 수명 씨가 세상에 필요한 이유인지도 모르지요."

"……."

"사람들이 힘을 내서 열심히 살아가면 그만큼 세상이 밝아질 테고 그 일에 수명 씨가 일조를 하는 거지요."

그 말을 듣자 거짓말같이 마음속 먹구름이 걷혔다.

'나로 인해 사람들이 자기 자신을 돌아보고 힘을 얻게 된다, 그것이 정말 내가 태어난 이유일지 모른다. 더욱이 내 장애가 그들 마음에 더 큰 울림을 주려는 뜻이라면…….'

그렇게 마음먹자 지금 내가 갖고 있는 '장애'는 전혀 문제가 되지 않았다. '내 장애를 세상을 위해 쓰리라.' 이후 나의 '장애'는 더 이상 상처받지 않았다.

"내가 보기엔,"

나도 맥주를 한 모금 마시고는 그녀를 돌아보지 않은 채 말했다.

"지금 제대로 가고 있는 거 같은데. 사람 미우면 밉다고 말을 해야

병이 안 생겨요. 꿍하고 참거나 딴 사람들한테 퍼붓지 말고 미운 사람한테 가서 말해요."

무슨 소린가 싶어 그녀가 나를 바라본다.

"미움이 목구멍으로 올라올 때 호흡을 크게 하고 '아, 할아버지 미워죽겠네. 이렇게 미운데 내가 왜 할아버질 돌봐주는지 몰라. 빨리 나아서 퇴원해버려요.' 하고 말해주지 그랬어요."

"지금 그걸 충고라고 하는 거예요?"

또 피식 웃으며 풀죽은 목소리로 그녀가 말했다.

"그럴 땐 할아버지 보지 말고 살짝 자신을 봐요. 병실에 거울이 있음 더 좋지. 내가 지금 어떤 모습인가. 그리고 자신의 모습이 똑바로 보이면, 숨이 절로 쉬어지고 그런 말도 나와요."

"……."

"어때요, 예전의 쌀쌀맞은 당신과 현재의 당신 중 당신은 어느 쪽이 더 마음에 들어요?"

"……."

"내일 한번 말해봐요, 아, 할아버지 미워죽겠네."

내가 맥주를 들이켜고 그녀도 따라 마셨다. 한순간 자동차 소음이 잦아든 사이로 우리 두 사람의 쿨럭이는 목울대 소리가 맛있게 울렸다. 그녀가 큰소리로 하늘을 보고 외쳤다.

"아아, 할아버지 미워죽겠네."

그리고는 혼자 하하 웃었다.

세잎 클로버의 행복

"나도 세잎 클로버로 골라볼까요? 우리가 원하는 건 행운이 아니라 행복이니까요."
"그래, 우리가 원하는 건 세잎 클로버의 행복이지. 우리는 다른 사람들처럼 요행히 걸리는 행운만 찾으려다 평범한 행복을 놓쳐버리는 실수는 하지 말자!"

놀러 다니기 좋은 계절이다. 알록달록 색의 유혹, 청정하게 맑은 쪽빛 하늘. 그 사이 얄포름한 새털구름이 흐르고 빠알간 고추잠자리가 헤엄쳐 다니는 가을, 가을아!

'일요일아 어서 빨리 오거라!' 나는 이렇게 탄식하고 있었다. 일요일이면 친구들이랑 산에 가려고 벼르고 있는 참이었다. 매표소 앞마당은 초록 물결 속에 노랑 물결이 자신을 뽐내려고 아우성이다. 육교와 중학교 앞으로 이어지는 가로수 길은 황금빛 축제를 벌이고 있다. 그 금물결 속에 사람들이 즐겁게 오가고 있었다.

지금 민우의 휠체어가 저 멀리서 그 길을 따라오고 있다. '매표소로 향하는 길'이란 제목의 영화 속 한 장면이 포착되는 순간이다. 자유자재로 휠체어가 춤추듯 나에게로 왔다. 난 다가오는 민우를 보며 함박웃음을 지었다.

"쉬는 날도 아닌데 학교는 안 가고 여긴 왔어?"

"오늘 체육대회라서. 그래도 학교에 가기는 했어요."

어쩐지 표정이 시큰둥하다 했더니 그놈의 '체육대회'가 민우 마음을 울리는가 싶어 나도 안쓰러웠다. 그러나 걱정할 것 없다. 민우는 볼 때마다 부쩍부쩍 자라고, 의젓하지, 공부도 잘하지, 그런 민우가 늘 기특하기만 하다.

처음에 민우 엄마가 나를 찾아왔을 때, 아이가 열 살이라고 했다. 그때까지 어머니는 민우를 학교도 보내지 못하고 직접 가르쳤다고 했다. 근심 많은 어머니는 다리를 전혀 못 쓰는 아이를 특수학교에 보내야 할지 어떨지 갈피를 잡을 수 없다고 했다. 장애아를 둔 부모 맘이 늘 그렇듯 민우 엄마도 혹 아이가 상처받고 다칠까 걱정되어 아예 아이를 학교에 보낼 생각조차 못하고 있었다. 그러다 뒤늦게 이게 아닌가 싶은 갈등이 생기면서 힘들어하던 참이었다. 다행히 민우는 언어장애도 전혀 없고 지능도 정상적이라고 했다. 집에서 읽고 쓰기를 배웠고 책을 많이 읽은 아이이기에, 더 이상 엄마가 끼고 기르는 것은 교육상 좋지 않다는 결론을 내리고 있었다. 나는 충심으로 조언했다.

"어머님, 제 경험으로는 지능이 떨어지지 않는다면 일반학교가 좋을 것 같아요. 본인이 의지만 있다면 보통 애들과 어울리는 건 얼마든지 가능하거든요. 어차피 어른이 되면 세상 속에서 사람들하고 부대끼고 살아야 하는데, 어린 시절부터 적응이 안 돼 있으면 힘들잖아요. 어른이 됐다고 갑자기 적응을 할 수 있는 것도 아니고. 정신지체도 있고 장애가 심하면 특수교육이 좋겠지만 지능 정상이고 언어도 문제없다면 보통 아이들 속에서 더 배울 게 많더라구요. 다른 아이들도 그런 애들 도와주고 친구삼고 하면서 서로 배우게 되고요."

"정말 그게 나을까요?"

"어머님이 자식 마음 아프고 다칠 것만 걱정하시느라 계속 감싸고 계시면 아이한테는 좋을 게 없어요. 저는 우리 어머니가 일반학교에 보내주신 게 얼마나 고마운지 몰라요. 그때는 저도 놀림 당해서 울기도 많이 하고 고생도 했지만 나중에는 서로 친한 친구가 되어 지금까지 절친한 사이로 지내고 있어요. 어렸을 때 친구들이랑 놀던 추억이 저한테는 얼마나 소중한데요. 저도 어릴 땐 정말 내성적이고 겁도 많고, 공부는 꼴찌에서 맴돌고 그랬어요."

"일반학교에 가면 아이가 너무 위축될까봐 걱정이죠."

"머리도 있고 고집도 있고 하면 잘 따라갈 거예요. 특수반을 운영하는 학교도 있어요. 그런데 그곳은 가고 싶어도 자리 없으면 일 년 기다려야 해요. 일단 특수학교든 일반학교든 얼른 알아보세요. 그러면 뭔가 판단이 서실 거예요."

그 후 '행복한 나그네 매표소'에 찾아온 민우를 보았을 때 내 생각이 옳았다는 확신을 갖게 되었다. 휠체어를 타고 있었지만 민우는 피부가 뽀얗고 맑은 눈빛을 가진 아이였다. 말도 잘하고 똘똘하게 생긴 민우는 일 년 뒤 특수반을 운영하는 북초등학교에 입학했고 공부도 잘 해내면서 그렇게 세상에 적응해갔다. 때로 '행복한 나그네 매표소'를 찾아와 나와 학교생활에 대한 이야기를 나눌 때면 나는 늘 내가 겪었던 어린 시절 얘기를 들려주면서 민우에게 용기를 주려 했다.

그런 민우가 이제는 중학생이 되어 가끔 매표소를 찾는다. 나는 알고 있다. 민우가 날 찾아올 때는 뭔가 마음에 고민 한 점을 안고 있다는 것을.

"너 옛날에 내게 비비탄 얘기했던 거 기억하니? 비비탄 쏘고 놀다가 총알이 바닥에 떨어져서 친구들이 그것을 주워주길 바랐는데 아무도 안 그래서 기분이 나빴다고 했던 거?"

"기억나요. 그런 옛날 얘기를 여태 기억하고 있어요, 형은?"

"그래 지금은 도움이 필요할 때는 사람들에게 도와달라고 말할 수 있게 됐어?"

"친한 사람한테는요. 그래도 아직 모르는 사람에게는 선뜻 말 못해요."

"사람들은 모두 선한 마음을 갖고 있어. 힘들 땐 웃는 얼굴로 '좀 도와주시겠어요?' 하고 말해봐. 비굴하지도 주눅 들지도 말고 말야. 멀쩡한 사람들도 언젠가 네 도움이 필요할 때가 있을 거야. 그럴 땐 너도 기꺼이 도와줄 거잖아?"

민우가 고개를 끄덕이며 동의를 표한다.

"그러니까 쾌활하고 부드럽게 부탁해봐. 몸이 불편한 사람이 찡그리고 있으면 얼마나 보기 싫겠니? 마음도 표정도 시원스레 웃고 씩씩해야 도와주는 사람도 기분이 좋지."

"나도 그러려고 노력은 해요."

"넌 네가 얼마나 행운아인지 잘 모르지. 내가 중학생 때는 얼마나 움츠리고 소심하고 겁이 많았는지 몰라. 누가 어떻게 하라고 알려주는 사람도 없고, 주변에 길잡이 돼줄 장애인을 만날 수도 없었어. 슬

프고 힘들기만 하고. 그러느라 아이들과 잘 지내지도 못하고 공부에
도 취미 없고, 날마다 울기만 했지."

"......"

"너는 말 잘하고 똑똑하잖아. 공부도 그만하면 잘해, 아이들이 무
시하지도 않고. 나는 민우 네가 참 부럽다. 내가 너만 할 때 너처럼
똑똑하고 말도 잘했으면 혼자 슬퍼하면서 지독히도 외롭게 중학 시
절을 보내지는 않았을 거야. 그렇지만 넌 결정적으로 이 형님도 있
고, 얼마나 좋으니?"

"좋아요."

나의 말을 민우는 실감이라도 하듯 씨익, 웃는다. 둘의 마음속으
로 한 줄기 바람이 지나간다. 이심전심 마음이 통하는 우리들이다.

민우도 내가 어눌한 발음 때문에 의사전달이 잘못되어 원하지 않
는 중학교를 가게 된 사연을 알고 있었다. 정답던 초등 친구들과 헤
어지면서 나는 외롭고 비참한 중학 시절을 보낼 수밖에 없었다.

그뿐인가. 테러를 당했던 적도 있다. 그것도 광화문 네거리에서.
스무 살 무렵 휴일이면 늘 그렇듯 교보문고에 자주 들렀다. 그곳에
서 책도 보고 물건도 구경하고 음악도 듣고. 이것저것 즐기다 보면
몇 시간이 후딱 흐르곤 했다. 그날도 서점에 들렀다 나오는 길이었
는데, 다짜고짜 한 남자가 나에게 다가와 "병신아, 집에 있지 왜 나

왔어?' 하면서 주먹을 날렸다. 어, 반지 끼고 사람을 치면 살인미수라고 하던데 그 남자가 바로 그런 짓을 내게 한 것이었다. 근처의 전경들이 이 모습을 보고 쫓아왔으나 남자는 도망쳐버렸고, 나는 눈썹이 찢어지는 부상을 입었다. 눈이라도 다쳤으면 큰일 날 뻔했다. 그날 사고로 지금도 눈썹 위에 흉터가 남아 있다.

또 초등 동창들과 망년회 모임에서 나이트클럽에 갔을 때도 황당한 사건이 벌어졌다. 그날 나는 오랜만에 만난 친구들과 즐겁게 춤을 추고 있었다. 음악에 맞춰 빙글빙글 흐느적흐느적 몸을 흔들자 마치 구름 위로 두둥실 뜬 기분이었다. 얼마나 그립고 반가운 친구들인가. 나는 이 순간을 즐기고 싶었다. 못 추는 춤이지만, 어색하고 부끄럽지만 용기를 내어보았다. '한껏 음악에 몸을 맡겨 즐겨보자.'

그런데 늘 그렇듯 나를 무참히 부숴버리는 '핵폭탄'은 존재했다. 어디선가 나를 향해 뭔가 획, 날아들더니 거대한 파열음이 났다. 술병이었다. 순간 무대에서 춤추던 사람들은 놀라 기겁하며 주위로 피했고, 풍선처럼 공중으로 날아오르던 환락의 음악도 끝났다. 술병은 나의 팔꿈치를 치며 박살났다. '누구였을까…….' 그런데 갑자기 어디선가 술취한 사람이 나를 향해 "병신이 육갑하네, 그것도 춤이라고." 욕을 해대는 소리가 들려왔다.

순간, 나의 눈이 분노로 일그러졌다. 가녀린 다리는 휘청이고 있었지만 힘 센 내 주먹은 그자를 용서할 수 없었다. 나는 그에게로 달려가 있는 힘껏 그의 목을 틀어쥐었다. 그자를 죽이고 싶었다. 아니 죽고 싶었다. 친구들이 이 일을 그냥 넘길 수 없다며 그자를 붙잡아 경찰서에 넘겼지만 나의 울분은 가라앉지 않았다. 게다가 남자는 밤새도록 그런 적이 없노라 뻗대었다. 경찰서에서 나도, 그자도 결국 밤을 새야 했다. 낯선 경찰서에서 새벽을 맞이할 동안 내내 침통했다. "나의 장애는 말이 없다. 나의 장애는 남에게 해를 끼치지 않았다. 그들은 그런데 왜, 나의 장애에 돌을 던지는가⋯⋯." 술이 깨고서야 사태를 파악한 남자는 그때야 순순히 잘못을 인정하고 내게 사과했다. 그자가 경찰서를 나서며 말을 꺼냈다.

"그런데 왜 장애인이 나이트클럽에 갔던 겁니까?"

가슴이 폭발할 듯한 많은 말들이 용솟음쳤지만 딱 한 마디만 했다.

"나도 인간이요."

그 말밖에 달리 할 말이 없었다. 더 이상 무슨 말을 해야 할까.

청년 시절의 그 슬픈 일화들은 아직 민우에게 꺼내지 못하였다. 앞으로 저 아이도 좀더 어른이 되면 내가 겪었던 일들을 경험하게 되리라. 장애인에 대한 세상의 편견에 민우의 앞날도 장담할 수 없지 않은가. 세상이 나아지고 편견이 줄어든들, 예고 없이 장애인들의 가슴을 후벼파는 정상인들의 공격적 가학행위들이 사라질까. 그로 인한 상처가 민우의 인생에 시시때때로 덤벼들 것이다. 민우는 이런 세상에 대한 면역력을 충분히 길러야 한다. 그래서 아이에게 간곡히 부탁했다.

"민우야, '나는 무엇보다 이 세상에 하나 뿐인 소중한 존재' 라는 것을 잊지 마. 자신을 아끼고 노력하는 자세로 살아야 해. 나처럼 스스로 소외돼서 외로워하느라 너무 많은 인생과 시간을 버리지 마라. 공부는 나중에라도 맘만 먹으면 눈에 불을 켜고 하게 된단다. 나처럼 꼴찌하던 사람도 맘먹고 하니까 되지 않든?"

"전교 16등 하니까 아버지께서 누구 것 보고 베꼈냐고 하셨다면서요?"

"그래, 나중에 또 3등 하니까 그때야 진짜로 내 실력을 믿고는 자전거도 사주셨지. 공부도 해보니까 할 만하고 재미도 있더라. 하지만 어릴 적 친구 사귀는 것은 때가 있는 거야. 그게 인생에 얼마나 큰 추억이 되고 재산이 되는데. 우리 같은 사람들은 공부보다 사람들하고 잘 사귀고 섞여 사는 일이 더 중요해."

"체육시간에 애들이랑 같이 뛰고 소풍도 가고 한다면 더 잘 사귈 수 있을 텐데요."

"불가능한 걸 바라느라 정열을 낭비하지 마라. 가능한 것, 내가 할 수 있는 것을 찾아내서 물고 늘어지는 거야. 민우 너도 한고집 하지 않니? 자존심 상해서 비비탄 주워달란 소리도 못 하고 말야."

"아이, 지금은 안 그래요."

"그래야지, 그건 자존심이 아니야. 진짜 자존심이 필요한 일은 따로 있지. 진짜 고집을 부려야 할 일도 따로 있는 거고. 그런 현명한 고집으로 네가 뭔가 목표를 이루고 사람들과 마음이 통하게 된다면 사람들이랑 함께 행복해질 수 있을 거야."

"정말 제가 해낼 수 있을까요?"

"그럼. 우리는 무슨 일이든 남들보다 두 배 세 배 노력해야 어울려 살아갈 수 있어. 장애인으로 우리 사회에서 살아가려면 올곧다고 생각하는 것을 굽히지 않는 마음 즉 자존심, 그런 걸로 밀고 나가야 할 때가 올 거야. 넌 잘 해낼 거야, 틀림없이."

민우의 표정이 한결 밝아졌다. 훈계조로 얘기한 것은 아닌데, 민우는 마음속 깊이 새기는 것 같았다. 나는 민우가 진정으로 내 말을 통해서 삶의 에너지를 충전받길 바랐다.

"여름에 찾아둔 네잎 클로버 손질해놨는데 어디 골라볼래?"

깨끗하게 코팅한 토끼풀이 가득 담긴 상자를 민우 앞으로 내밀었다.

"네잎 클로버는 잘 없던데 어떻게 이렇게 많이 찾았어요?"

"예쁜 세잎 클로버를 고르다 보면 네잎도 발견하게 되는 거야. 그게 처음부터 찾으려 한다고 찾아지는 건 아니란다."

"하지만 사람들은 애써 행운의 네잎 클로버만 찾잖아요?"

"세잎 클로버가 뜻하는 행복이 얼마나 소중한지 몰라서 그렇지."

"나도 세잎 클로버로 골라볼까요? 우리가 원하는 건 행운이 아니라 행복이니까요."

"그래, 우리가 원하는 건 세잎 클로버의 행복이지. 우리는 다른 사람들처럼 요행히 걸리는 행운만 찾으려다 평범한 행복을 놓쳐버리는 실수는 하지 말자!"

민우가 고개를 끄덕이며 환히 웃었다. 그리고 가장 싱싱하고 아름다운 세잎 클로버를 골라 들었다.

아름다운 가게, 행복한 벼룩시장

"얼만고 하니 바로바로 300만 원! 기록 중에 기록이야. 정말로 축하해요!"
개인이 일일시장을 열어서 이런 기록 낸 것은 내가 처음이란다. 오늘이 마치 내 결혼식 같았다.
모든 사람들이 나의 결혼을 축복해주러 온 것 같았다.
이렇게 기쁘고 이렇게 흐뭇할 수가.

새벽 4시 귀갓길. 낮에는 그토록 화려한 색감으로 공간을 수놓던 가을 나무들이 밤 깊은 어둠 속에서 시커먼 실루엣으로 두려운 그림자를 드리우고 있다. 바람결에 나뭇잎 스치는 소리가 사드락사드락 비단 치맛자락 소릴 내며 흐느끼더니 눅눅한 공기가 빗방울을 싣고 왔다.

'낭패다!'

얼굴에 툭 떨어지는 찬 물방울이 가뜩이나 불편한 심기를 건드렸다. 오늘이 바로 행삿날인데 새벽에 비가 쏟아지다니. 검은 실루엣을 이루는 나뭇잎 새로 빗방울이 리듬을 타며 경쾌하게 흩날리고 있지만, 마음은 바짝 타들어갔다. 두 달을 꼬박 준비해왔던 행사가 아닌가. 두 달간 내 입술에는 그야말로 물집이 터를 잡았고, 입 안은 늘 까슬까슬 혓바늘이 돋아 있었다.

어느 날 행복한 나그네 매표소로 운명처럼 '아름다운 가게'는 찾아들었다. '기증받은 재활용품을 판매하여 그 수익금으로 소외 이웃을 돕는다?' 일일가게 행사를 통해 얻은 수익금 전부를 불우이웃돕기에 쓴다니 난 절대 그냥 지나칠 수 없었다. 기꺼이 아름다운 가게의 초대에 응했고 드디어 나의 잠재된 역량을 보여줄 때가 온 거라고 자신만만해 있었다. 내가 얼마나 노력하느냐에 따라 일일가게의 '성공'이 판가름나는 것이다. 이로써 두 달간 나의 '기증품 1만 점 모으기' 도전이 시작되었다. 눈 뜨고 눈 감는 그 순간까지 '1만 점'의 기증품이 내 시야를 오락가락했다.

이 계획에 대한 동의가 떨어지자마자, 이내 매표소 옆에 아름다운 기증함이 설치되었다.

"아름다운 가게와 함께하는 행복한 나그네 프로젝트에 참여하세요! 집에 있는 어떤 물건이라도 좋아요. 물론 새 물건도 좋고요. 아무리 조그만 것이라도 이웃에겐 큰 기쁨으로 돌아갈 거예요. 행복한 나그네 매표소에 기증해주세요. 기증함에 안 쓰는 물건들을 넣어주세요. 보람 있게 사용할 수 있어요!"

매표소에 안내문을 붙이고 하루에 백 번쯤 손님들에게 홍보했다. 틈틈이 주변 동네의 부녀회장들을 찾아나서고 직접 기증품을 모으러 나서길 주저하지 않았다. 미래마을, 덕유마을, 은하마을 그리고 도당동, 고강동, 소사동의 부녀회장들을 통해 동네의 재활용 물건을 거두고 참여토록 했다. 현숙 누나를 비롯해서 영미, 순금, 진실, 경희 누나들은 일찌감치 행사 당일의 일일판매요원으로 예약해 두었다. 더 많은 사람을 동참시키려고 나는 매표소와 거래하는 로또복권과 KT&G에도 부탁했다. 그랬더니 이 친구들(거래하면서 나는 담당자들과 친구가 되어버렸다), 행사에 협찬하는 광고와 스폰서 역할까지 해준다니 정말 눈물 날 정도로 고마웠다.

처음에는 육교 장터에서 행사를 치르려 했지만 계획이 무산되었다. 교통 혼잡과 사고의 위험 때문에 육교 행사는 구청의 허가를 받을 수 없었다. 대신 매표소 근처에 있는 백화점 앞마당을 사용하기로 방향을 돌렸다. 백화점 측에서 장소 제공은 물론 이 행사에 함께 참여하겠다고 호의적으로 나선 것이다. 잘된 일 아닌가, 일석이조의

효과를 볼 수도 있겠다 싶었다. 이미 작년에 백화점 측은 아름다운 가게와 행사를 치러본 바 있댄다. 그때 얻은 수익이 아마 104만 원이었다나.

갑자기 그 '104만 원?' 이란 말을 듣는 순간 눈이 번쩍 뜨였다. 그 순간, 나에게 새로운 목표가 생겼던 것이다. 이 수익금의 기록을 깨고 싶어졌다. 게다가 수익이 많을수록 누군가에게 더 많은 도움을 줄 수 있고, 그러한 수익금에 대한 권리가 나에게도 주어진다는 놀라운 사실. 기왕 하기로 맘먹은 거 최고로 잘하고 싶었다. 주위에서 내가 너무나 열심히 일하는 모습을 보고 한마디씩 해댄다.

"수명 씨, 얼굴이 반쪽이 됐네. 너무 일을 잘해서 큰일이야. 이러다 우리 대박나겠어."

"대박나야죠. 104만 원이랬죠? 우린 그보다 더 할 수 있어요. 내가 꼭 그렇게 할 테니까."

"개인 이름 걸고 하면서 백화점 따라잡기가 쉽겠어요? 최선을 다하는 거지, 그렇게 무리하지 말아요."

"무슨 소리예요, 이제 와서! 많이 벌어야 많이 도와주지!"

"으윽, 졌다! 그래 그래 많이 벌어요, 우리."

"오백 원, 천 원짜리 팔아서 204만 원 304만 원 만들려면 정말 발바닥에 땀나게 뛰어야 돼요."

"누가 말려, 수명 씨를. 어디다 쓸 건지는 결정이나 하셨어?"

"아직요. 크흐흐흐흐……. 와 좋아, 좋아! 생각만 해도 무지 좋아요. 그 생각 하면 밤에 잠도 안 와요. 어디다 쓸까 상상하느라고 바빠 죽겠어요."

말은 이렇게 둘러댔지만 흐흐, 어디다 그 돈을 쓸 건지는 일급비밀이다. 아주 좋은 것에 쓰일 거라는 것은 나도 알고 우리 하느님도 아시리라.

그렇게 기대만발해서 두 달을 쌩쌩, 날아다녔다. 5킬로그램의 체중감량과 전화요금 15만 원. 그것이 지난 두 달 행사를 준비한 내 노력의 결과를 보여주는 수치이다. 그리고 드디어 오늘! 결정적으로 행사 수익금액이 판가름나는 날이 온 것이다.

'그런데 비가 오다니…….'

새벽부터 시작된 빗줄기는 여덟 시에도 무정하게 계속되고 있었다. 행사 장소로 정해진 백화점 측에서 걱정이 되는지 계속 전화가 왔다. 벼룩시장의 일일판매 도우미를 약속했던 일곱 누나들이 연이어 전화를 해댔다.

"걱정 마세요. 내가 하느님한테 비 그쳐달라고 어젯밤에 빽 써놨거든? 누나만 참석하면 다 돼요."

난 그래도 호언장담했다. 비록 속은 새까맣게 타들어갈지언정. 그리고 하늘은 무심치 않았다. 11시를 넘기면서 빗줄기가 뜸해지기 시작했다. 판매대를 설치하고 준비에 들어가자 아름다운 가게의 트럭 두 대가 금방 도착했다. 이미 깨끗하게 손질해서 가격표까지 붙인 재활용품과 책 1천여 권이 진열되자 금방 감격으로 가슴이 벅차올랐다. 아침 내 쩔쩔매던 마음이 다 풀리고 행사가 제대로 시작되자 안도의 숨이 나왔다.

비 갠 후 날씨는 그지없이 청명하였다. 하늘도 공기도 맑디맑고 물기 머금은 수목은 가을 색감을 더욱 자아냈다. 트럭에서 물건을 부리고 힘쓰는 일에 5년지기 친구인 성권과 그 친구 일행이 진작부터 힘을 보태고 있었다. 성권은 나를 만난 후 사람을 사귀는 나의 방식에 사실 좀 놀랐다는 친구다. 누구에게든 자신을 솔직히 드러내며 진심으로 사람들을 대하는 내 모습에 반했다나. 나는 그저 성권이 고마울 따름이다. 나와의 관계를 그처럼 소중히 여기고 있음을 알고 있기에. 오늘만 해도 그렇지 않은가. 내가 하는 일이라면 모든 일을 제치고 먼저 솔선수범하니 말이다. 눈물겹도록 고맙다, 성권아!

성권 일행이 트럭에서 짐을 푸는 대로 온갖 물건들이 진열대에 올랐다. 오리인형과 남녀 꼬마인형으로 분장한 자원봉사자들이 흥겨운 음악에 맞춰 춤을 추고 있다. 장터가 제 모습을 갖추자 사람들의 발길이 이어지기 시작했다. 오후에 들어서며 행사는 더욱 활기를 띠었다. 오전엔 정말 불안해서 눈물이 날 것 같았는데 오후 들어 감격과 기쁨으로 또 한 번 울 뻔했다. 그러나 감상에 젖을 사이도 없이 손님들이 밀려오고 있었다. 밀려오는 손님들과 일일이 인사 나누기도 바빴다. 늘 보는 사람은 물론이고 오랜만에 만나는 지인과 벗들을 반기느라 내 얼굴에는 웃음이 떠날 줄 몰랐다.

엄마들은 옷, 가방, 학용품, 액세서리, 책, 장난감, 모자, 신발, 이불, 테이프 등 갖가지 생활용품에 관심을 보이며 알뜰히 물건을 고르고 있었다. 그러는 동안 아이들은 페이스페인팅을 해주는 선생님 앞에 줄을 섰다. 아이들 뺨에 알록달록 그림이 그려지는 동안 아이들 입이 함빡 벌어졌다. 또 풍선으로 사자, 강아지 모양을 순식간에 만들어내는 선생님 앞으로 아이들이 단풍잎 같은 손을 벌리며 늘어섰다. 한쪽에서는 색색의 나일론 끈과 재활용품으로 마술처럼 뚝딱 장미꽃다발이 만들어지고 있었다. 처음 보는 인도 전통차 '짜이'를 만들고 무료 시음해보는 코너도 색다른 재미를 주었다.

백화점 문화센터 회원들이 들려주는 하모니카 연주와 어린이 요가 시범, 그리고 인도 무용수의 춤도 정말 좋았다. 이 모든 것이 시끌벅적한 장터를 한결 재미나게 했다. 맑고 상쾌한 가을 하늘 아래 한판 흥겨운 놀이마당, 축제마당이 벌어진 것이다. 벼룩시장은 가을 해가 서쪽 하늘에 비스듬히 걸릴 때까지 북적거리며 이어졌다. 끝

무렵이 되자 나는 행사 관련자와 일일이 성공을 자축하는 악수를 나눴다.

"수명 씨 얼마나 나왔는지 한번 맞춰봐요."

"백화점 따라잡았어요? 사람들이 이렇게 많이 왔으니까 104만 원 넘지 않았을까? 정말 얼마예요?"

"얼만고 하니 바로바로 300만 원! 기록 중에 기록이야! 정말로 축하해요!"

개인이 일일시장을 열어서 이런 기록을 낸 것은 내가 처음이란다. 오늘이 마치 내 결혼식 같았다. 모든 사람들이 나의 결혼을 축복해 주러 온 것 같았다. 이렇게 기쁘고 이렇게 흐뭇할 수가.

이제 수익금을 어디에 쓸 건가, 그것이 문제였다. 그러나 이미 내 마음은 정해져 있었다. 나에게 희망의 이름으로 왔던 '행복한 나그네 매표소' 앞에 자리한 중학교로 보내기로. 생활이 어려워 하고 싶은 공부를 맘껏 하지 못하는 누군가에게 단비 같은 장학금으로 쓰이길 바랐다.

장수명의 이름으로? 천만에. 장학금을 누가, 어떻게 주게 되었는지는 알리지 않을 생각이다. 진정한 선행은 이름을 걸고 하는 것이 아니란 것쯤은 나도 안다. 따끈따끈한 장학금이 학생 손에 건네지는 장면을 생각하니 벌써부터 가슴 설렌다.

'너무, 멋있는 거 아냐, 장수명!'

아무도 모르게 자아자찬自我自讚한다.

"에이, 이 정도야! 하느님, 나의 하느님 절 용서해주실 거죠."

혼자 이렇게 중얼거린다. 오늘 나는 늘어지게 잘 것이다. 2개월 동안 속 끓이며 못 잔 잠을 한꺼번에 쫙, 대차게 자볼 작정이다. 자는 동안 구름 속 달님도 나오시고, 손가락 끝에 무명실 매어주던 곱디고운 내 님도 나왔으면 정말 좋겠다.

내 사랑, 중 흥 마 을

나는 백미러를 구해다 정류소 팻말 기둥에 단단히 묶어두었다.
그랬더니 정말 신기하게도 버스가 멀리서 달려오는 모습이 거울에 비치며
의자에 앉아서도 도로 저 끝을 환히 볼 수 있었다.
그래서 붙여진 거울 이름이 '버스 오나 거울' 이다.
"아저씨, 베리 굿 아이디어! 오늘같이 비 오는 날 젤루 좋아요!"

앞마당에 낙엽이 제법 쌓였다. 샛노랗고 빨갛고 갈색을 띤 잎들이
다복다복 모여서 굴러다녔다. 싸늘한 대기에 몸을 부르르 떨며 아침
청소를 시작했다. 가만 귀 기울여보니 발 아래서 사박사박 으스러지
는 낙엽소리가 들린다. 나도 모르게 낙엽들에게 말을 건넸다.
"다음 해에 새론 마음으로 새 세상에 태어날 씨눈을 살리려고 나

무와 작별하고 혼자 가는 낙엽아! 참으로 장하구나! 내 너희들의 희생을 닮을 수 있으면 좋겠다, 좋겠다…….”

이렇게 중얼거리고 있는데, 다시 비질 소리를 헤집고 무슨 소리가 들려왔다. 고개를 들어보니 도로 건너편에서 미화원 아저씨가 버스 정류장에 쌓인 낙엽들을 싸악 싸악 훑어내고 있었다. 아저씨의 비질 소리 사이사이로 추임새를 넣듯 나도 장단 맞춰 빗자루를 놀렸다.

이때 빵 빠앙, 정류장 앞에서 5-5 버스가 와서 멈추어 섰다. 일주일에 오천 원, 더도 말고 덜도 말고 그만큼만 로또를 즐기는 일권 형님이 운전석에서 와자지껄 인사를 한다.

“좋은 아침!”

“안녕하세요? 형님. 오늘도 안전운전 하세요!”

“수명아, 거울, 따봉! 따따봉!”

손님들이 버스를 타는 사이 형님이 흰 장갑 낀 손으로 오케이 사인을 보내며 눈을 찡긋거렸다.

“하하하, 정말 좋죠? 수명이 아이디어 따봉이죠!”

내가 또 신나서 두 손을 맞잡고 하회탈 웃음을 짓는 동안 일권 형은 거수경례를 하고 차를 출발시켰다. 버스가 떠나는 뒤쪽으로 낙엽들이 휘몰리며 굴렀다.

일권 형이 말하는 거울은 바로 ‘버스 오나’ 거울을 말하는 것이었다. 매표소 때문에 정류소에 앉아서는 버스 오는 게 안 보인다고 손님이 불평하는 소리를 들었을 때 나는 참으로 난감했었다. 이미 자리잡고 앉은 매표소를 들어낼 수도 없고, 사람이 불편하다는 의견을 무시할 수도 없고. 어떡해야 하나 고민이 앞섰다. 보아하니 매표소가 아니더라도 육교의 교각들이 시야를 가려 버스 오는 게 안 보이는 건 당연지사였다. 정류소에 앉아 있지 못하고 고개를 빼고 기웃거려야 하는 손님들 불편도 이만저만이 아닐 것 같았다.

궁리 끝에 기발한 아이디어가 떠올랐다.

"그래, 버스가 달려오는 모습을 볼 수 있게 커다란 백미러를 여기에 달아놓으면 되겠군."

결국 나는 백미러를 구해다 정류소 팻말 기둥에 단단히 묶어두었다. 그랬더니 정말 신기하게도 버스가 멀리서 달려오는 모습이 거울에 비쳐 의자에 앉아서도 도로 저 끝을 환히 볼 수 있었다. 그래서 붙여진 거울 이름이 '버스 오나 거울' 이다.

삼화고속을 운전하는 기사 아저씨도 칭찬이 대단했다. 그 거울 덕에 정류소에 손님이 있나 없나 일찍 볼 수 있어서 좋다고 하셨다. 특히나 비 오는 날 재잘대던 여고생들이,

"아저씨, 베리 굿 아이디어! 오늘같이 비 오는 날 젤루 좋아요!"

하고 입을 모아 말할 때 나 또한 박수치며 좋아하지 않았던가.

아침부터 형한테 칭찬을 듣고 보니 기분 좋다. 청소하는 비질 소리가 경쾌하다. 비질이 끝나면 '버스 오나' 거울과 '예쁜 얼굴 보세요' 거울을 호호 불며 말갛게 닦아놓는 것도 내 일이다. 콧노래를 룰루랄라 부르며 나는 내 얼굴도 이리저리 비쳐보았다. "거울아, 거울아 이 세상에서 누가 제일로 이쁘냐?" 백설공주 놀이하면서 혼자 흥겨워했다.

오후가 되어 바람결에 낙엽이 나뒹구는 바람에 다시 한 차례 청소를 해야 했다. 청소할 때 적용하는 원칙 한 가지, 바로 셀프서비스이다. 간단한 음료수나 껌 따위를 살 때는 굳이 내 손이 필요 없이 알아서 돈을 내고 놓여 있는 잔돈을 거슬러가는 식이다. 이곳 주변을 다니는 사람들, 특히 학생들은 이미 이런 방식에 익숙해 있었다. 물론 아이들이 우르르 몰려드는 점심시간과 하교시간은 예외이다. 그때는 내가 자리를 잡고 있어야 한다. 그래야 귀여운 나의 학생 손님들이 앞다퉈 계산하는 통에 발생하는 혼잡을 막을 수 있다. 어쨌든 아이들은 잠시 내가 자리를 비울 때 늘 그렇듯, 곧잘 알아서 물건을 사고 셈을 치른다.

그런데 청소를 하고 있는 나에게 영민이가 다가와서 갑자기 이의를 제기했다.

"아저씨, 그렇게 셀프로 해놓지 마요(작년쯤부턴가 나는 더 이상 형이나 삼촌이 아닌 '아저씨'가 되고 말았다. 이 호칭을 들을 때마다 느끼는 이 서운함을 어쩔까)."

"왜?"

"견물생심도 모르세요? 돈이 그렇게 무방비로 놓여 있으면 가져가고 싶어한단 말예요."

"그럼 돈에다 무슨 방비책을 만들까? 돈에 무장이라도 시키리?"

"농담 아닌데. 그맘때 애들은 호기심이나 재미로 한번 훔쳐보고 싶어지는 거래요."

"너도 그러디? 그럼 돈에다 방울 달아야겠네."

"이렇게 놔두는 것은 아저씨가 돈을 훔쳐가도록 부추기는 셈이에요. 절도 교사죄라고나 할까요."

'절도 교사죄'라고? 요놈 요놈 정말 똑똑하네. 내가 귀엽다는 듯 영민을 바라보았다. 엉뚱한 죄목을 나에게 씌우며 거스름 셀프를 강력하게 반대하는 이유가 뭘까? 나는 그 일 이후 계속 영민의 말이 생각났다. 정말 내가 아이들의 절도를 유인하는 셈일까? 아이들이 그깟 잔돈에 유혹을 느끼고 슬쩍 훔치고 말까? 설사 무슨 일이 일어난다 해도 이제 와서 아이들이 못미더워 그걸 치운다면 그게 좋은 걸까? 궁리를 해봤다.

그러던 차에 결국 사단은 일고야 말았다. 며칠 후 영민이와 두세

명의 남녀 아이들이 한 아이를 둘러 싼 채 등을 밀며 매표소를 찾아왔다. 둘러싸인 아이는 고집스레 입을 다물고 있었다.

"아저씨, 얘가 과자 훔쳤대요."

"이것 봐요, 여기 짱구 과자 있죠. 우리가 잡아왔어요."

"너 왜 착한 아저씨 거 훔치고 그러니? 참 못됐다 얘."

"아까 애들 왕창 나왔을 때 있죠? 얘가 슬쩍 하는 거 이슬이가 봤는데요, 우리가 상의해서 운동장에서 잡았어요. 아니라고 우기길래 막 끌고 왔어요."

"내가요, 아저씨, 내가 보고 쫓아갔어요."

한꺼번에 떠들어대는 아이들 소리에 정신이 없다. 나는 아이들을 진정시키고 아이스 바를 하나씩 나눠주었다. 남의 일에는 신경도 안 쓰는 게 요즘 애들인 줄 알았는데 이렇게 옳지 못한 행동을 한 아이를 보고 현장체포까지 감행하다니 신기할 정도였다.

"고마워서 하나씩 주는 거야. 니들이 바로 정의의 사자들이다."

"아저씨, 쟤 교무실에 안 데려가요?"

"원래 상습적으로 도둑질하는 나쁜 녀석인가 아니면 한번 실수로 그랬나 좀 알아보고. 니들은 먼저 들어가라."

아이들이 알아듣고는 아이스 바를 하나씩 물고 멀어져갔다. 나는 잡혀온 아이를 바라보았다. 척 보기에도 솜털이 보송한 게 1학년짜리 꼬마 냄새가 폴폴 풍겼다.

"학생, 저 매표소 안으로 들어가."

이렇게 조용한 말투로 얘기하자 아이가 힐끗 나를 올려다보는데 얼굴이 빨갛게 물들어 있었다. 천천히 매표소로 신발을 벗고 들어가 뻣뻣하게 서 있는 아이를 두고 나는 잠자코 할 일을 계속했다. 한동안 아이를 혼자 내버려두었다가 일을 마치고 매표소 안으로 들어갔을 때 녀석이 찔끔찔끔 눈물을 흘리기 시작했다. 녀석은 덥지도 않은 날씨에 얼굴이 벌겋게 달아오른 채 식은땀을 흘렸다.

"너 몇 학년 몇 반이야?"

"잘못했어요, 다시는 안 그럴게요."

"잘못한 거 알고는 있냐?"

"잘못했어요. 용서해주세요. 다시는, 안 그럴게요."

숫제 녀석의 울음보가 터질 것 같다. 나는 웃음보가 터질 것 같아 짐짓 목소리를 깔았다. 저렇게 순진한 녀석이 순간적으로 무슨 맘을 먹고 그랬을까.

"여기다 학년, 반, 담임선생님 이름하고 집 전화번호도 적어."

아이의 애원조의 얼굴이 사색이 되었다.

"왜, 돈이 없었어?"

녀석은 눈물을 닦으며 고개를 흔든다.

"돈도 있으면서 남의 물건을 훔쳐? 그게 도둑질인 걸 몰라? 나중에 커서 너 도둑질이나 하는 도둑놈 되고 싶어?"

아이가 더 세차게 고개를 흔든다.

"몇 번이나 이런 짓 했어? 부모님한테 부끄럽지도 않아?"

"처음이에요. 정말이에요. 잘못했어요, 아저씨."

"그래도 이건 적어야 돼."

조금 누그러진 목소리에 아이는 슬며시 눈치를 보며 쭈뼛쭈뼛 내용을 적는다.

"거짓말로 적을 생각 마. 거짓으로 적어도 내가 다 알아내는 수가 있어."

"정말이에요."

녀석이 적어놓은 노트를 받아들며 비로소 달래듯 말을 건넸다.

"너 처음이라니까 아저씨가 용서해주는데 어디 가서든 다시는 이런 짓 하면 안 돼. 과자 한 봉지든 소 한 마리든 똑같은 도둑질이야. 알았어?"

"네."

"그리고 돈이 없거나 갖고 싶거나 그러면 차라리 그냥 달라고 해. 너무 뻔뻔한 것 같으면 '하나 주시면 안 돼요? 하고 물어보든지. 도둑질하지 말고."

아이가 멍한 얼굴로 나를 바라본다. 이건 무슨 소린가 싶은 모양이다.

"사람을 믿자고 돈도 알아서 거슬러 가라고 해놨으면 니들도 그 정도 신의는 지켜줘야 좀 살맛나지 않겠냐? 자기를 믿어주는 사람을 그렇게 배신하면 되겠어? 또 배신할 거야?"

"아니요. 정말 잘못했어요. 인제 안 그럴 거예요."

다소 안심이 되었는지 아이의 얼굴에 화색이 돈다.

"가봐. 다시는 이런 일로 빌고 애원하지 말고. 알았어?"

"네……. 고맙습니다, 아저씨."

"아저씨는 이놈아, 장가도 안 간 총각한테 뭔 실례의 말씀이야."

좀 어리둥절한 표정으로, 그러나 안도의 얼굴로 꾸벅 인사를 하고 아이가 매표소를 나갔다.

요사이 이런 일이 있고나자 전에 영민이가 말한 '절도 교사죄'란 말이 다시 떠올랐다. 농담이지만 어쩌면 영민이가 정확히 지적한 건지도 몰랐다. 나는 잠시, 잔돈 늘어놓은 것을 다 치우고 매표소 창 앞을 지키고 앉았어야 되는 건가 고민했다. 이런 일이 있었다고 단박에 그런 식으로 바꾸는 것도 우습지 않을까. 게다가 아이들을 상대로 눈알을 굴리며 까락까락 거스름돈을 챙기고 매표소 안에 버티고 앉아 있어야만 하는가 생각하니 그렇게는 못할 짓이었다. 어쩌다 몇몇 아이가 사춘기 때의 울컥하는 심리 때문에 저지른 일로 모든 아이들을 의심의 대상으로 싸잡아 취급하기는 싫었다.

그런 생각에 빠져 있는 사이 기말고사를 끝낸 아이들이 밀려나오기 시작했다. 시험이 끝난 후련함 때문인지 다른 때보다 더 왁자지껄한 아이들 틈에서 달음박질쳐온 몇몇 아이들이 소리쳤다.

"아저씨, 아저씨, 아저씨 우리 시험지에 나왔어요!"

"정말이에요. 아저씨 유명해요."

"이거 한번 보세요. 아저씨도 한번 맞춰봐요. 내가 문제 낼게요."

미영, 민주, 수진이가 구깃구깃 접어온 시험지를 펴들고 나를 에워쌌다. 기술가정과 시험지였다.

"다음은 어떤 직업관과 관련 있냐는 질문이에요. 잘 들어봐요. '뇌성마비 장애를 앓고 있지만 언제나 사람들에게 웃음과 행복을 나눠주는 매표소 주인이 있습니다. 늘 미소 띤 얼굴로 동네 사람들에게 직접 쓴 시도 나눠주고 좋은 음악도 틀어주다 보니 '행복한 나그네'란 별명을 얻었습니다.' 자, 1 과정지향적 직업관, 2 업적주의적 직업관, 3 집단중심적 직업관, 4 결과지향적 직업관, 5 물질지향적 직업관, 답이 뭐게요?"

"와 이거 영광인데? 답이 뭐지? 넌 뭐라고 썼어?"

"뻔하죠. '사람들에게'란 말이 두 번이나 나왔잖아요. 사람들에게 웃음 주고 행복 주고 사랑 음악도 준다고요. 그러니까 집단중심적 직업관 아니에요?"

"아니죠, 이게 무슨 집단이야, 1번이죠? 1번."

나는 웃음이 나오는 걸 간신히 참아가며 말했다.

"야아, 나는 집단만 중요하게 생각하는 사람 아냐. 개인이 중요하지. 개인이 행복해야 집단도 좋지."

"어? 그럼 답이 이게 아니에요? 아저씬 맨날 사람들 몽땅 상대하잖아요?"

"많은 사람을 상대해도 나는 결국 한 명 한 명을 상대하는 거야. 사람들과 만나고 함께 나누는 과정이 즐거운 거지."

"아싸~ 맞았다 1번."

"으으 망했다. 1번이 답이에요? 둘 중에 찍었는데. 기념으로 이 시험지 가질래요?"

"정말? 네 꺼 줄래? 그럼 고맙지!"

나는 아이가 준 시험지를 소중하게 접어 넣었다. 아이들은 시험지에 매표소 아저씨가 등장한 것만 신기해서 그저 싱글벙글이었다.

오늘 이러고 보니 그때 영민이가

한 제안에 확실한 대답을 해줘야 할 것 같다.

"사람을 믿자고 하는 짓이니 끝까지 믿어야지. 그렇지 영민아?"

하교 때 들이닥쳐 다짜고짜 캐물을 녀석에게 대답은 벌써 준비되었다.

"니들도 그런 신의 정도는 지켜줘야 좀 살맛나는 세상이 되지 않겠니. 그렇지 영민아?"

내가 찾는 그녀

"이제부턴 구혼시를 써봐. 방송 나가면 구혼시 낭독도 하고."
그럼 나는 이렇게 대답한다.
"아, 저는 이제 가족시 쓰고 싶어요, 아들아 아들아 이러면서 말이죠."
"아들을 낳으려면 청혼부터 해야지. 얼렁 구혼시 쓰서."

나뭇잎이 한꺼번에 공중에서 춤추며 흐른다. 나는 지금 낙엽비를 맞으면서 깊어가는 가을을 못내 아쉬워하고 있다. 바람이 아주 낮게 휩쓸고 지나가면 낙엽비는 어느새 휘두르르 발목을 휘감는다. 사람들은 그렇게 흐르는 낙엽을 기분 좋게 바라보며 하얀 이를 드러내고 웃었다.

유난히 드높은 가을 하늘, 올려다보니 그리움이 물처럼 가슴에 차올랐다. 그리고 내 마음은 더욱 착해졌다. 매표소에서 흘러나오는 가을 음악은 지나간 옛사랑에 대한 추억으로 나를 안내했다. 지금 난, 가을의 끝자락에서 지난날의 사랑 한복판에 서 있다.

눈물, 눈물뿐이었던 첫사랑에 대한 아련한 기억. 첫사랑 이후 다시는 사랑을 못할 줄 알았다. 그러나 사랑이란 게 너무도 신기하다. 다 퍼줘 이제 눈물 한 방울도 남아 있지 않은 것 같다가도 또 다른 사랑이 시작되었다. 그리고 늘 외사랑으로 끝이 났다. 여자들은 나의 삶을 그저 공감하고 나와 함께 호흡하는 것을 기뻐할 뿐이었다. 정작 내 삶 속에 들어와 한가족을 이루는 인연을 만들지는 않았다. 늘 내게 기대고, 위로받고, 힘을 얻어갔다. 그녀들은 내게 주문했다.

"언제나 변치 말고 그 자리에 있어줘요."

그러나 정작 그렇게 말하는 그녀들이 내 곁을 떠나갔다. 그녀들에게 나란 존재는 힘들고 지칠 때 단지 위로가 되어주는 휴식처 정도에 불과했던 것일까? 혼자 외롭게 낙엽을 바라보는 나를 보면서 동네 아줌마들이 한마디 한다. 결혼하라고.

"이제부턴 구혼시를 써봐. 방송 나가면 구혼시 낭독도 하고."

그럼 나는 이렇게 대답한다.

"아, 저는 이제 가족시 쓰고 싶어요, 아들아 아들아 이러면서요."

"아들을 낳으려면 청혼부터 해야지. 얼렁 구혼시 쓰셔."

어젯밤 낙엽이 흐드러진 매표소 앞에서 웬 여자가 울었다. 늦은 밤까지 홀로 앉아 음악을 듣던 여자의 표정이 스산하더니 눈물을 뚝 뚝 떨구었다. 나는 걱정이 되어 따뜻한 녹차 한 잔을 권했다. 여자가 민망해 웃다 울다 했다. 여자가 눈물을 훔치며 "나 꼭 바보 같죠" 하면서 노래 가사가 꼭 자기 얘기 같다고 말했다. 나도 가슴이 찡했다. 유행가 가사에 눈물 흘려본 사람이 어디 이 여자 하나뿐이겠는가. 늦도록 음악을 듣던 여자가 가을은 추워도 여기 매표소는 따뜻하네요, 하면서 인사를 건네고 갔다.

오늘 어젯밤 여자가 듣던 음악을 다시 들어보았다. 헤어진 옛 여자에게 전화를 건 남자가 비가 와서 그냥 걸었다고 심드렁하게 말하고 있었다. 길을 걷다가 옛일이 생각났다고. 그러다 결국 "미안해 너의 집 앞이야, 난 너를 사랑해." 하고 쿨럭 고백하고 만다. 남자가 참았던 기침을 토해내듯 고백을 할 때 내 가슴도 그렇게 쿨럭 들썩였다.

2년 동안 사모했던 여자와 이별을 했다. 마음속 아픔이 다할 때까지 가슴앓이를 했다. 그 아픔을 잊기 위해 술도 많이 마셨고 눈물도 많이 흘렸다. 가슴이 아파서 살 수가 없을 것 같던 몇날 며칠을 보내니 기운도 마음도 바닥이 났다. 그러다 겨우 정신을 차렸을 때는 헤어진 후로 이미 여섯 달이 훌쩍 지나 있었다. 그러고 나서 나는 사랑의 깨달음을 시 한 편으로 얻었다.

사랑해서 힘든 게 아니라 소유하려는 욕심에 힘들어하는 거
이별해서 아픈 게 아니라 소유하려는 그 사람이
다른 사람의 것이 될까봐 아파하는 거
그리워서 우는 게 아니라 지워지지 않아서 우는 거
그가 날 떠나서 우는 게 아니라 혼자 남은 내가 안쓰러워 우는 거
그를 사랑한 게 아니라 날 그보다 덜 사랑한 거……

그렇게 아픈 사랑인데도 나는 아직 사랑을 포기하지 못했다. 사랑의 아픔과 그리움의 시가 새로이 시작 노트에 채워질 때마다 늘 아쉽다. 이제는 가족의 사랑을 그려보고 싶기 때문이다.

언젠가 내가 찾는 '그녀'를 만나면 나는 즐거이 그녀와 산행을 나설 것이다. 오늘처럼 낙엽비가 우수수 아름다운 날, 나는 그녀의 손을 잡아 가을 속으로 안내할 것이다. 때로 그녀가 싸준 맛난 도시락을 먹다가 문득 그녀의 따스함에 가슴 벅찰 날도 오겠지. 그러면 나는 휴대폰을 매표소 스피커에 대고 그녀의 전화기에 아름다운 음악

선율을 흘려보낼 것이다. 음악이 다하면 살긋살긋 울리는 그녀의 숨소리에 달콤하게 취해도 보리라.

또 사랑을 만나 보금자리를 틀게 되면 각 방에 이름을 지을 것이다. 그녀와 단 둘이 영화를 볼 상상의 방, 그녀와 사랑을 나눌 사랑방, 그녀와 술 한잔 기울이는 달콤한 방……. 그리고 심심할 때 그녀가 사용할 특별한 메뉴판도 만들어줄 테다. 메뉴의 선택은 그녀 몫이다. 그녀는 내게 만들어주고 싶은 음식을 준비해놓고 난 즐거운 맘으로 음식을 먹은 뒤, 메뉴판에 다음과 같이 적혀 있는 음식값을 지불할 것이다.

볶음밥 … 청소 1회, 김치찌개 … 설거지 2회, 통닭튀김 … 춤 춰주기, 골뱅이무침 … 진한 뽀뽀, 해파리냉채 … 발마사지 30분.

날마다 이런 메뉴들이 바뀌며 그녀의 선택을 기다릴 것이다. 그렇게 살다가도 어느 날 사는 일에 숨이 차면 공을 들여 함께 참깨도 볶을 것이다. 뜨거운 냄비 안에서 열 길 스무 길 길길이 뛰다가 껍질째 벗겨지는 고통을 이겨내고 비로소 고소한 내음을 얻는 참깨를, 집안 구석구석 냄새 풍기도록 볶아보기도 할 참이다. 신혼은 바로 참깨를 볶는 뜨거운 계절, 살다가 힘들어질 때면 신혼이 아니어도 나는 가끔 그녀와 손을 잡고 참깨를 볶아낼 것이다.

겨울

상처는 아파도 몸에 달다

추억의 이을용 선수

나그네들에게 유용한 팔백 원의 친절을 나는 앞으로도 절대 포기하고 싶지 않다.
가끔 천사가 저 위에서 나에게 속삭이는 것 같다.

"수명아, 수명아! 세상이 아무리 널 속일지라도
절대 영악해지는 법을 배워서는 안 된다."

새벽 출근길, 초겨울의 싸늘함이 위용을 떨치는 신새벽. 버스 정
류장에 선 사람들은 호호 보얀 입김을 날리며 어깨를 떨고 있다. 눈
물이 찔끔 돋는 차가운 공기, 아싸 정신을 일깨운다. 그러나 갑자기
떨어진 기온으로 인해 내가 늘 하던 아침 청소는 힘들어졌다. 손도
시리고 정류장의 유리와 의자를 닦아내는 일도 쉽지 않다. 추위에

말라붙은 오염이나 쓰레기를 닦아내기는 더욱 수월치 않다.

　너무 엄살 부렸나. 아직 매표소 창을 닫고 손님을 맞을 정도는 아니지만 일단 겨울로 들어서면 한겨울까지는 금방이고 그 다음 긴 시간을 견뎌야 한다. 봄이 올 때까지. 그래도 해가 머리 위로 올 때쯤에는 사람들도 거리도 다시 깨어난 듯 활기차다.

　영현이 맡기고 간 도시락을 보온밥통에 넣어두었다. 한 시간 후면 영현이 오겠지만 요즘은 그때쯤이면 밥이 다 식어빠진다. 그런데 내가 일을 하는 사이 매표소 창 앞에 웬 남자가 얼씬거렸다.

　"안녕하세요. 어서 오십시오."

　"아 예, 안녕하세요?"

　내 인사에 남자는 건성으로만 대답했다. 그런데 내가 남자의 얼굴을 똑바로 보는 순간 그 사람이 누군지 단번에 생각이 났다. 하지만 그 남자는 나를 기억하지 못하는 눈치였다.

　"저기 실례지만 지금 제 아내가 병원에 있다고 급하게 연락이 왔는데, 돈이 좀 모자라서요. 이따 오는 길에 드릴 테니 3만 원만 빌려주심 안 될까요?"

　남자를 알아본 나는 천천히 매표소 밖으로 나가 남자 앞에 섰다. 그 사내는 여전히 처량한 목소리로 다급하게 말했다.

　"예? 어떻게 안 될까요. 저 저쪽 덕유마을에 사는데 사정이 급해서요, 좀 빌려주세요, 예?"

"알아요, 아저씨. 저쪽 어디에 사는 거. 그리고,"

내가 잠시 침묵하다가 다시 이어 말했다.

"집사람이 갑자기 병원에 입원을 해서 급히 가야 하는데 돈이 모자란다구요. 3만 원 빌려주면 오후 서너 시쯤 갚겠다고요. 아저씨, 석 달 전에도 토씨 하나 안 틀리고 똑같은 수법으로 말씀하신 거 기억 안 나요?"

내 말에 남자는 너무 놀라 몸을 흠칫했다. 아마도 그는 이 매표소에서 이미 그 수법으로 돈을 받아간 사실조차 잊었나 보다. 그는 재빨리 나를 뿌리치고 도망치기 시작했다. 그 순간 나는 중심을 잃고 휘청했지만 얼른 남자를 쫓아 뛰었다. 갑작스런 대낮의 질주에 길 가던 아주머니가 놀라 아이를 안고 비켜나고 사람들이 길을 피했다.

"아저씨, 아저씨, 저 사람 잡아요!"

내가 뛰어가면서 길목에 있는 뻥튀기 아저씨에게 외쳤다. 아저씨는 일어나며 남자를 향해 몸을 날렸지만 남자는 세차게 아저씨의 팔을 제치고 그대로 달려 까르푸 안으로 사라져버렸다. 내가 도착했을 때는 이미 남자의 그림자를 찾을 수 없었다.

남자의 인상착의를 방송하고 보안요원들이 살피고 다녔지만 몇 명 안 되는 직원들이 그 넓은 매장을 모두 확인하는 것은 역부족이었다. 부산은 부산대로 떨고 남자는 잡지 못한 채 30분 이상을 허비했다. 그를 잡아서 뭘 어찌 하겠다는 것은 아니었다. 그저 남자의 뻔뻔한 행실이 괘씸한 나머지 어떻게든 내 손으로 잡고 싶었던 것이다.

매표소로 돌아오니 다행히 영현이가 와서 익숙하게 손님들을 맞이하고 있었다. "매표소도 활짝 열어둔 채 한참이나 어딜 갔다 오냐."고 타박하던 영현이 자초지종을 듣고는 깜짝 놀랐다.

"그 멍청이는 자기가 사기친 것도 까먹었대냐? 다른 사람도 아니고 어떻게 너를 잊어먹어?"

"그러게. 그것도 똑같은 레퍼토리로. 겨울에 장사도 안 되는데 그날 번 돈 모두 가져갔으면서 고맙다고는 못할망정 또 와서 사기 행각을 하려 들어? 기껏 3만 원에 발걸음도 못하고. 치졸하기는."

"안면 있다고 돈을 빌려주니까 그렇지. 네가 그러니까 자꾸 이을용 같은 놈이 꼬이는 거 아냐!"

영현이가 이렇게 소리는 지르면서도 웃음보를 터뜨리고 만다.

"아, 왜애! 또 시작이야, 그놈의 이을용! 말도 꺼내지 마!"

이을용 생각에 나 스스로도 웃음을 참을 수가 없다. 하지만 지금이니까 웃지 그땐 정말 심각했었다. 축구선수 이을용. 이을용 선수의 그 촌스러운 듯 성실하고 징검 가는 모습을 보면 나는 꼭 이 사건이 생각나서 혼자 웃곤 했었다.

매표소를 시작한 이듬 해 초겨울이었던가, 며칠 동안 매표소 벽에
이을용 선수의 사인이 멋지게 빛나던 적이 있었다. 오는 사람들마다
사인을 보고 감탄하며 즐거워했다. 난 또 얼마나 자랑스러웠던가.
그 며칠 전에 축구선수 이을용이 바로 이 행복한 나그네 매표소를
다녀갔던 것이었다!

그날, 한바탕 출근시간이 지나 한숨 돌리고 있을 때였다. 트레이
닝 복장의 젊고 건장한 남자가 매표소를 찾아왔다. 길 좀 물읍시다,
하면서 남자가 내게 말을 걸었다.

"여기 종합운동장이 어디 있어요?"

"아, 부천종합운동장요. 저 앞에 까르푸 있지요? 거기 사거리에서
우회전해서 쭉 가시면 돼요."

"얼마나 걸리죠?"

"한 삼십 분이면 될걸요?"

"그럼 거기 아닌가봐요. 멀다고 했는데. 사실은요, 제가 축구선수
인데요, 우리 팀이랑 병원에 검진받으러 왔다가 동료들 차를 놓쳤거
든요. 전화로 무슨 경기장 쪽으로 오라고 했는데……."

"경기장요? 경기장은 인천에 문학경기장이 있죠."

"아, 거기요. 문학경기장. 거기가 맞아요. 거긴 먼가요?"

"멀죠, 그럼. 인천으로 가야 하는데."

남자가 아주 난감한 표정으로 잠시 망설였다. 그러다 나에게 조심스레 물었다.

"제가 축구선순데요, 미안하지만 혹시, 저 모르시겠어요?"

"글쎄요, 제가 스포츠를 잘 보질 않아서. 몸이 이래서 스포츠를 별로 안 좋아해요. 누구신지⋯⋯."

남자만큼 나도 난감했다. 어쩌나 미안한지 그저 변명을 할 수밖에 없었다. 사람들이 다 아는 축구선수를 나만 몰라보나 싶고, 또 남자가 무안해할까봐 더욱 미안했다.

"축구선수 이을용이에요. 진짜 축구를 전혀 안 보시나 봐요."

"정말요? 어떡해요, 미안해서. 유명한 선수의 얼굴도 못 알아봐서, 정말 미안하네요."

무안해하는 남자를 보자 정말 그렇게 미안할 수가 없었다. 그런 것도 모르는 내 자신이 원망스러울 지경이었다.

"아니요, 그런 건 아니고. 저기, 정말 창피한데 가방도 차에 놔두고 몸만 덜렁 나와서 돈이 하나도 없거든요. 미안하지만 차비만 좀 빌릴 수 없을까요? 선수촌 들어가면 금방 부쳐드릴게요."

나는 이을용 선수가 정말 안됐다고 생각했다. 얼굴도 알려진 사람이 얼마나 난감하겠는가. 게다가 나는 이름난 그를 알아보지도 못하니 이을용 선수가 얼마나 답답할까?

"걱정 마세요, 제가 빌려줄게요."

"정말요? 아, 살았다. 정말 고마워요. 내일 꼭 보내드릴게요, 계좌번호 좀 적어주세요."

"그러지 말고 잠깐 들어오세요. 안에서 적으면 되죠."

이을용 선수는 정말 곤란했는데 다행이라며 진심으로 기뻐했다.

"이름이 뭐예요? 내가 드릴 건 없고 사인 하나 해줄게요."

"장수명요. 근데 행복한 나그네로 더 유명해요."

"아, 그래서 행복한 나그네 매표소구나."

이을용 선수는 멋지게 사인을 하고 날짜와 내 이름도 적었다.

"그리고 이건 선수촌 전화번호예요. 혹시 제가 바빠서 깜빡 잊을 수도 있으니까 하루 이틀쯤 후에 꼭 전화해주세요. 제가 열두 명 선수들이 다 사인한 공도 하나 보내드릴게요."

"아이 참, 고맙습니다. 그렇게까지 안 하셔도 되는데."

"오늘 진짜 난처했는데, 그 정도는 약과죠. 등번호 달린 제 연습복이랑 사인 볼, 약속하죠."

매표소 주소와 계좌번호를 적어가며 이을용 선수는 시원시원하게 말했다. 나는 그가 빌려달라는 차비에 1만 원을 더 얹어서 빌려주었다.

"문학경기장까지 택시 타고 가려면 얼마가 들지 모르잖아요. 택시비 모자라면 어떡해요."

이을용 선수가 가고 나서 나는 흐뭇하게 사인을 바라보았다. 그걸 매표소 안에 붙여놓고 들르는 친구들에게 자랑을 삼았다. 조기 축구에 열심인 강민 형은 이야길 듣고는 자기 일처럼 좋아했다.

"야, 이거 이거 잘 보관해둬라. 이을용 선수가 말이다, 아주 잘하는 친구거든? 월드컵에도 나올 텐데."

"그렇게 유명한 선수예요?"

나는 내심 기뻐서 물었다. 유명한 축구선수를 내가 도와주다니. 더구나 그렇게 곤란할 때 도움이 되어서 얼마나 다행인가 말이다.

"그러엄. 잘하지. 야, 넌 좋겠다. 이을용도 만나고, 사인도 받고."

"사인 볼 오면 형한테 꼭 구경시켜 줄게요."

"그래, 꼭 약속이다. 열두 명 사인 볼! 캬아, 정말 좋겠다."

그렇게 흐뭇한 며칠을 지났다. 그러면서 아직 송금되지 않은 통장이 오히려 반가웠다. 핑계 삼아 전화를 걸어볼 생각이었기 때문이다. 이을용 선수가 적어준 전화번호를 누르면서도 가슴이 설렜다.

"이을용 선수가 훈련 때문에 바쁜가 보다."

흐뭇해하며 전화기 버튼을 눌렀다. 뚜우, 뚜우, 두어 번 신호가 가고 달카닥 전화가 연결되었다.

"여보세요?"

"네, 안녕하십니까? 예술의 전당입니다."

"어?"

"예술의 전당입니다. 무엇을 도와드릴까요?"

"아, 예, 아니요. 전화를 잘못 걸었나 봅니다. 미, 미안합니다."

이럴 수가. 전화기에 손을 댄 채 나는 머릿속이 엉망으로 엉클어졌다. 고개를 드니 벽에 걸린 이을용 선수의 사인이 조롱하듯 나를 빤히 바라보고 있었다.

바로 그때 그 사건을 영현이 걸고 넘어간 것이다. 그때 왜 그 사인을 찢어버리지 않았는지 매표소 대청소를 하다 그 사인 종이가 어느 구석에서 나오는 바람에 영현에게 그 사건을 이실직고以實直告했었다.

"알아, 나 바보야 바보. 맘껏 웃으서."

내가 선수를 치며 영현을 부추겼다. 이제 와서는 나조차도 키들키들 웃음이 나는데 남들은 오죽할까.

"장하다, 장수명! 그래도 덕분에 이젠 스포츠도 열심히 보고 선수들도 다 알게 됐잖아."

"지금 생각하면 허술하기 짝이 없는데 속아넘어간 내가 신기하지 않냐? 그래도 난 유명한 사람이 창피당할까봐 정말로 걱정했는데."

"아냐, 그래도 네가 잘했어."

늘 순진해빠져서 그걸 속았다고 타박하던 영현이 갑자기 그렇게 말해주다니 나는 의아했다. 그런 나를 보고 영현이 웃으면서 말했다.

"내 친구가 바보라서 난 좋다. 네가 야박하게 굴었으면 오늘날까지 이렇게 웃을 일이 있겠냐?"

"내가 언제 진짜 이을용 선수를 만나서 꼭 이 이야길 들려줘야 하는데, 그치?"

나는 돈 몇만 원 어림없다고 그 남자에게 야멸차게 구는 내 모습을 상상해보았다. 역시 썩 좋은 모양새는 아니었다. 차라리 내가 순진하게 속은 게 마음이 더 편했다. 하지만 그때는 물론 마음의 상처가 컸다.

늘 씩씩하려 했지만 세상은 언제나 나를 얕잡아보고 속이고 다치게 하려는 것 같다. 무뚝뚝하고 쌀쌀맞은 손님들, 버스 오는 게 안 보인다고 자리 잡은 매표소를 정류장 오른편으로 옮기라고 요구하던 할머니, 남들 다 쉬는 일요일에도 매표소 문을 열라고 요구하던 아주머니, 버스노선을 외우고 직접 타보면서 안내해주는데도 내 몸을 보고는 대답을 믿지 못하겠는지 자꾸 딴 데다 묻던 승객들, 음악도 벤치도 테이블도 불법이니 치우라고 독촉해대던 사람들…….

지금 생각해보면 어느 것 하나 쉽게 이룬 것이 없었다. 급기야 유명인을 빙자한 거짓말에, 오늘은 한 번도 모자라 두 번씩이나 같은 거짓말을 하는 사람까지 생겼다. 참 씁쓸한 현실이다.

"난 정직하고 친절하게 살려고 하는데, 왜 알지도 못하는 사람들이 나를 속이고 거짓말을 할까. 왜 나를 점점 영악하고 인정 없는 사람으로 만들려고 할까⋯⋯."

영현이와 함께 밥을 배불리 먹고 특별히 기분 나쁠 일이 없는데도 갑자기 비관적인 생각이 들었다. 나도 모르게 푹 한숨이 나왔다. 앞으로도 계속 이런 일을 겪으면 내 자신이 어떻게 변해갈지 두렵기조차 했다. 그런 생각을 하다 보니 아까 내게서 돈을 얻어내려던 그 남자에 대한 미움이 불쑥 솟았다.

처음 매표소를 시작할 때 누구보다도 기뻐해주던 어머니가 한편으론 걱정하시던 말씀이 이제야 이해가 갔다. 어머니는 내가 장사를 오래 하는 게 싫다고 했다. "네가 지금같이 그대로이면 좋겠다. 세상을 너무 빤히 알고 영악해지는 건 싫다"고 하셨다. 그때 나는 "장수명이 어디 가겠어? 내가 그대로지 뭐." 하고 대답했더랬다.

그래도 나는 내가 동네 사람들이 어려움에 처할 때면 결코 무정하지 못하리란 것을 안다. 실제로 지갑을 깜빡 집에 두고 온 사람들은 지금도 나에게 도움을 청한다. 그러면 그 다음 날 사탕 한 알, 귤 한 쪽과 함께 버스비는 돌아오곤 했다. 물론 이제는 그때같이 물색없는

짓을 하지는 않지만 그래도 나그네들에게 유용한 800원의 친절을
나는 앞으로도 절대 포기하고 싶지 않다.

가끔 천사가 저 위에서 나에게 속삭이는 것 같다.

"수명아, 수명아! 세상이 아무리 널 속일지라도 절대 영악해지는
법을 배워서는 안 된다."

겨울 비둘기

나는 비둘기 모이가 떨어지지 않도록 늘 튀밥가루를 준비해두었다.
나의 정성으로 겨우내 비둘기들은 토실토실 살이 올랐다.
깃털에 윤기가 흐르고, 목덜미에 햇빛이 반사되는 순간에는 매직쇼가 벌어졌다.
노랑, 주황, 파랑…… 비둘기 목덜미에서 무지갯빛이 돌았다.

함초롬히 세상을 덮은 새하얀 눈이 고왔다. 밤새 내린 눈이 발밑
에서 뽀드득 뽀드득 소리를 낼 때에는 아이들의 웃음소리를 듣는 양
기분이 좋아졌다. 아무도 모르게 고요한 밤을 틈타 소보소복 내려앉
아서 이렇게 기쁜 아침을 선사하다니. 뽀얀 쌀가루 같은 그것들이
온 누리에 밥을 먹이는 듯하여 착해 보였다.

부드럽게 면사포를 둘러친 세상이 표정에 힘을 주지 않고 하늘도 모처럼 세상 가까이 내려와서 도란거린 날. 이른 아침 눈 덮인 매표소 앞마당에는 검은 가지 위로 새하얗게 내려앉은 눈송이가 사탕가루처럼 잘잘하게 빛났다. 소나무를 푸욱 덮은 열두 폭 하얀 눈꽃이 가지마다 정결한 수를 놓고 있었다. 그 아래서 달래듯 나뭇가지를 어르면 샤르르 흩날리는 사탕가루가 내 눈썹 위에도 가볍게 내려앉았다. 몇 번 그렇게 눈가루를 맞고 나니 목덜미가 선득 시원하였다.

그렇게 눈만 갖고 놀다가 육교를 조심조심 내려오는 아가씨 모습을 저 멀리 발견하고서야 서둘러 청소에 나섰다. 언젠가 눈 내리던 날, 출근길이던 아가씨가 육교에서 그만 미끄러진 적이 있었다. 예사롭지 않은 여자의 비명 소리가 매표소로 메아리쳤을 때 나는 한달음에 달려갔다. 앞뒤 생각할 겨를 없이 일단 아가씨를 업고 건너편 정형외과로 뛰었더랬다. 그 이후 눈이 오면 제일 먼저 육교 꼭대기부터 쓸어오는 것이 나의 일이 되었다. 그렇게 육교에서 시작된 한줄기 외길이 흰 세상 속에 검은 줄을 늘어뜨리며 매표소를 지나 큰길로 향하고 있다. 쭉 이어진 그 행로를 바라보고 있노라면 뜻밖에 보기 좋았다.

새벽 추위가 걷히면서 하나둘 몰려나온 비둘기들이 눈밭에 귀여운 삼각무늬 발자국을 찍어대고 있다. 나는 미리 준비해둔 튀밥가루가 담긴 두리함지박을 들고 앞마당으로 나섰다. 어찌 눈치가 빠른지, 비둘기들은 저희들을 부르기도 전에 우르르 내 곁으로 몰려들었다. 때로는 겨울을 나던 조그만 참새들도 곱살끼듯 서너 마리가 달려들었다.

"훠이, 훠이, 구구, 구구구구."

"많이들 먹어라. 좀 있다 삼총사 언니들이 맛난 콩가루 갖고 올 거야. 어때 기대되지?"

오늘은 경은, 명숙, 은진 이렇게 삼총사가 방학이 되어 처음으로 뭉치는 날이다. 반가운 손님을 기다리는 나도 절로 흥이 났다.

나는 비둘기 모이가 떨어지지 않도록 늘 튀밥가루를 준비해두었다. 나의 정성으로 겨우내 비둘기들은 토실토실 살이 올랐다. 깃털에 윤기가 흐르고, 목덜미에 햇빛이 반사되는 순간에는 매직쇼가 벌어졌다. 노랑, 주황, 파랑…… 비둘기 목덜미에서 무지갯빛이 났다. 곱디고운 그 모습 바라보면서 감탄사가 연이어 나왔다.

물론 비둘기들이 처음부터 이런 고운 자태를 뽐냈던 것은 아니다. 그들이 매표소를 찾던 첫해가 생각난다. 비둘기들은 어디서 살다 오는지 12월이 되면 매표소 앞에 나타났다. 처음엔 서너 마리가 가로등 위에 앉아 내 주위를 기웃기웃 동정을 살피는 듯했다. 그러다 내가 먹이통을 들고 나오면 어느새 알아채고는 내 주변으로 날아들었다. 그것이 인연이 되어 매년 추운 겨울만 되면 먹이를 찾아 비둘기들이 매표소로 날아든다.

"너희들 돌아왔니, 돌아왔어?"

제대로 먹지를 못했는지 비둘기들은 하나같이 너무 마르고, 초라했다. 게다가 녀석들은 가지가지 아픔도 많아 보였다. 사람처럼 원형탈모라도 생겼는지 털이 부룩부룩 빠진 놈도 있고, 다른 비둘기보다 기운이 달려 제 먹이조차 챙겨 먹지 못해 바짝 마른 놈도 있다. 살기 위한 경쟁은 비둘기 세계에서도 치열한가 보다. 그런가 하면 어떤 놈은 발목에 실이 묶여 아예 불구가 된 녀석도 있다. 해마다 매표소로 날아오는 비둘기 중에는 꼭 다리를 절룩거리는 비둘기가 한두 마리씩 있었다. 그런 비둘기들을 바라보면 나는 마음이 아파 도저히 그냥 지나칠 수가 없다.

사람들 사는 도시를 떠돌며 목숨을 부지한다는 게 얼마나 힘겨웠을까. 배고픔을 못 이겨 인간이 버린 쓰레기를 뒤지다 쓰레기자락에 발목이 묶인 비둘기. 나는 특히 절름발이 비둘기가 못내 눈에 밟히고 가여워서 눈길을 뗄 수가 없었다.

"그래그래, 좀만 기다려라. 내가 아픈 다리 치료해줄게. 꼭 실 풀어줄게."

좀더 친해질 때를 기다렸다. 내가 그들을 해치는 자가 아니란 것을 보여주며 비둘기가 나를 믿어줄 때까지 기다렸다.

"가만, 가만. 다 됐다. 그렇게 아팠어?"

드디어 비둘기의 한쪽 다리에 묶인 실을 푸는 순간이다. 너무 오 랫동안 실에 묶여 있어서 비둘기 발가락이 다치지 않게 조심해야 한 다. 그렇게 가위로 실을 끊는 동안 비둘기는 마치 "묶인 제 다리를 빨리 좀 풀어주세요." 하고 애원하며 자유를 갈망하는 모습이다.

이렇게 겨우내 비둘기를 돌보는 것이 나의 겨우살이 행사가 되었 다. 비둘기들도 나를 알아보는지 앞마당 바닥에 먹이가 사라지면 내 앞으로 우쭐우쭐 걸어나올 줄도 알았다. "총각, 밥 줘요!" 이렇게 시 위하는 모양새였다. 그럴 때 내가 소나무 아래 먹이를 한 움큼 흩트 려주면 녀석들은 다시 앞마당 안으로 들어들 갔다.

"자, 잘 먹고 건강해야 해. 어디 보자, 넌 못 보던 놈 같은데 꼴이 왜 그 모양이니?"

요즘 유독 내 눈길을 끄는 비둘기가 한 마리 있다. 창백해 보이는 깃털에, 기운이 없고 발바닥이라도 다쳤는지 종종걸음이 영 시원치 가 않은 녀석이다. 비둘기 얼굴을 알아볼 리야 만무하지만 나는 어 쩐지 그놈이 전에 없던 낯선 녀석 같았다. 늘 먹이 싸움에 밀리고 발 걸음이 불안하여 내가 특별히 그 앞에 먹이를 놓아주어야 한다. 그 래도 야살스런 다른 것들은 그 녀석을 밀어제치면서 먹이를 차지하기도 했다. 이 비둘기에게 관심을 두고 보살피는 며칠 동안 나는 자꾸 예전의 누군가가 생각이 났다.

지혜. 이지혜였다. 그 야루한 비둘기는 까맣게 잊고 있던 지혜를 생각나게 했다. 누구보다도 나의 도움이 필요했던 아이. 그럼에도 불구하고 누구보다도 나의 도움을 받지 못했던 아이라는 아쉬움이 남는, 지혜였다.

내 인생에서 가장 힘들었던 실직 시절의 막바지에 어떤 분의 소개로 펜팔을 하게 되었다. 그분은 나를 씩씩하게 보았는지 지혜에게 도움이 될 거라며 나를 추천했던 것이다. 내 존재가 지혜에게 퍽 용기가 될 줄 믿었으리라.

지혜의 글씨는 내 글씨와 많이 닮아 있었다. 삐뚤거리는 고르지 못한 글씨체. 내가 어릴 때 그랬던 것처럼 지혜도 손이 움찔대는 아이였다. 한 자 한 자 꾹꾹 눌러쓴 어설픈 글씨가 편지지를 힘겹게 채우고 있었다.

"이름은 이지혜구요, 뇌성마비가 있고 열일곱 살이에요. 장애는 어려서부터 있어서 병원에서 좀 살았죠. 그래도 지금은 많이 나아진 거예요. 처음에는 서지도 걷지도 못했거든요…… 이렇게 편지 쓸 수 있는 오빠가 생겨서 좋아요. 선 친구가 없거든요. 오빠로서 조언도 많이 해주세요. 오빠는 시인이시라니

제게 도움이 많이 될 거예요. 제가 좋아하는 시는 '목마와 숙녀'예요……."

나보다 심한 장애를 가진 열일곱 여자아이에게 나는 어떻게 해야 할지 잘 몰랐다. 더구나 내 자신 절망의 바닥에서 사투를 벌이던 시절, 나는 지혜에게 확신어린 희망을 줄 수가 없었다. 그저 스스로 용기를 내기 위해 쓴 시를 적어주고 위로해줄밖에. 그런 미약한 위로에도 지혜는 큰 용기를 얻었는지 내게 속내를 털어놓는 이야기도 곧잘 했다.

"오빠, 내 창문은 활짝 열려 있지 않아요. 왜냐면 난 속마음을 털어놓지 않고 마음에 담아두는 편이거든요. 난 말이 별로 없어요. 하지만 가끔 이런 생각을 해요. '나도 다른 애들처럼 걸어다녔으면' 하고 말이에요. 다른 애들이 무척 부러울 때가 있어요.

하루만이라도 걸어봤으면 하고……. 오빠는 여행을 가신다면 어디를 가고 싶으세요? 만약 제가 간다면 바닷가에 한번 가보고 싶어요. 아직 바다를 본 적이 없거든요. 난 내 미래에 자신이 없어요. 어떻게 해야 할지도 모르겠구. 사춘기라서 그런지도 몰라요. 오빠는 청소년 때 어땠어요?"

지혜의 마음 아픈 편지를 읽고서 무슨 말을 어떻게 그 아이에게 해줘야 할지 가슴이 먹먹했다. 나는 어디든 걸어다니고 여행도 한다. 산에도 가고 축구도 한다. 바다도 물론 가봤고 바다 건너 제주도까지 가봤다. 그런 내가 휠체어에 앉아 창을 닫고 한숨짓는 소녀에게 '괜찮다'고 말해도 되는 건지.

그렇게 하기 전에 우선 내 자신이 세상에 뿌리를 꿋꿋이 내리고 살아가는 것이 급선무였다. 무엇보다 세상을 향한 좌표가 뚜렷이 서 있어야 지혜에게 삶의 방향을 가리켜줄 수 있지 않을까 생각했다. 세상길을 먼저 나선 선배로서 뒤따르는 지혜에게 의연한 내 발자국을 보여주고 싶었다. 때로는 우리가 공통분모를 가졌다는 이유로 서로의 목소리를 듣는 것만으로도 위로가 되던 때였다.

"지혜야, 요즘은 아프지 않지? 오빠가 편지도 잘 받고 사진도 잘 봤어. 지혜 이쁘더라."

"아, 아니에요. 나 안 예뻐요."

지혜는 황급히 부인한다. 어눌한 그애의 발음에 묻어나는 당혹감은 부끄러움 때문이리라. 제 마음 표현하는 일이 서툴다고 스스로도 말하는 아이였다.

"아니야, 지혜 착하고 이쁘게 생겼어. 건강해지면 더 이뻐질걸."

"고, 고마워요 오빠. 근데 이번 편지에 글씨가 엉망이죠. 그날은 특히 더 그랬어. 난 왼손인데다 요새 왜 그런지 자꾸만 짜증이 나서 제 글씨가 좀 그렇죠?"

"왜 그렇게 짜증이 나는데, 무슨 일 있니?"

"몰라요. 그냥 그래요. 엄마한테 화도 막 내고, 내가 잘못했지요?"

"그래. 네가 화내고 짜증내면 엄마는 더 속상한 거야. 그거 알지?"

"예에. 안 그러려고 노력할게요. 그래도 오빠 목소리 들으니까 좋네요."

"그래, 내가 전화를 자주 못해서 미안하다. 편지라도 자주 하자."

"고마워요, 오빠. 친구도 없는 나한테 편지도 해주시고……."

목소리가 밝아진 걸 보면 한결 기분이 좋아진 모양이었다. 그렇게 몇 달 동안 편지가 오갔다. 시 읽는 걸 좋아한다던 지혜는 가끔 윤동주의 '서시'나 황동규의 '즐거운 편지' 같은 시를 적어 보내기도 했다.

그러던 어느 날 지혜는 나를 초대하고 싶다고 밝혔다. 엄마한테 말해서 오빠를 초대할 테니 그때 이야기를 많이 하자고, 그림도 보여주겠다고, 기대에 부푼 편지를 보내왔다. 나로서는 뜻밖이었다. 그러나 한두 달이 지나도 초대의 소식은 없었고 결국 초대를 미뤄야겠다는 간단한 사과편지가 왔다. 무슨 일인지 궁금했지만 그뿐, 그 뒤로 다시는 지혜의 편지가 오지 않았다.

당시 인생의 중요한 기로에 서 있던 나는 내 인생조차 버거워 지혜의 일은 잠시 접어두었다. 장장 7개월의 싸움 끝에 어렵사리 매표소를 얻게 되었고 새로 매표소를 운영하는 데 온통 정신이 팔려 있었다. 그러는 동안 지혜는 서서히 나의 기억에서 사라져갔다.

그렇게 오랜 세월이 흐르고서야 문득 볼품 없는 비둘기를 보며 그 아이를 떠올리고 있었다. "미안하다, 지혜야!" 그냥 이대로 끝낼 수 없다는 생각에 그애가 보내온 편지를 다시 펼쳐보았다. 편지 속에 담긴 여백의 의미를 되새겨보았다. 갑자기 어디선가 "하루만이라도 걸어보고 싶어요!" 하며 지혜의 목소리가 들려오는 듯했다. 어느 날 용기를 내어 전화를 걸어보았지만 지혜는 이미 그곳에 없었다. 이사를 간 걸까, 혹 지금 어디론가 시집간 걸까…….

별안간 편지가 끊긴 그때, 왜 연락이 끊겼는지 지혜에게 물어보았어야 했다는 죄책감이 일었다. 설마 그때 무슨 사고가 있었던 건 아니겠지, 때늦은 걱정으로 순간 마음이 흐려졌다. 이 순간 나는 마음속으로 간절히 기도한다. '어디에 있든 몸 건강히 잘 지내라!'

다시 그 야윈 비둘기 앞에 먹이를 한 움큼 놓아주었다. 다른 놈이 끼어들지 못하게 내가 보초를 서고 있는 가운데 녀석이 천천히 먹이를 쪼기 시작했다.

야윈 비둘기를 보고 지혜를 떠올리면서 그애와 같은 나의 또래의 삼총사를 생각해보았다. 열일곱, 인생의 꽃 같은 나이가 시작되는 그때 지혜는 세상과 소통하지 못했다. 열일곱, 매표소를 드나들던 예전의 삼총사들도 각기 다른 인생의 고민으로 울고 웃곤 했다.

이제는 그 삼총사가 대학생이 되어 각자 자기 생활하기에 바쁘지만 방학이면 어김없이 매표소로 모여든다. 마치 지남철에 철가루 붙듯 매표소에 드나들며 매표소를 자기 둥우리처럼 생각하고 이 일 저일 도와주길 자청하고 나선다. 내가 무언가 일을 꾸밀 때는 이제 이아이들과 동훈이 녀석들이 알아서 척척 앞장서기도 한다. 지난번 벼룩시장 때 아이들은 학기 중이라 참석하진 못했지만 그걸 계기로 누군가의 입에서 "삼촌, 우리하고 봉사동아리 하나 만들면 어때요?" 하는 기특한 소리가 나왔다. 나의 팬카페를 처음 개설해주어 사람들 마음을 모으는 일도 이 삼총사가 했고, 미니홈페이지도 아이들이 나서서 열어주었다.

이제 아이들과 평생을 함께할 봉사활동 동아리를 만들면 얼마나 좋을까. 아이들이 나에게 꿈을 주고 있었다. 아직 아무것도 확실한 것은 없다. 하지만 그 약속은 아이들과 나 사이에는 이미 기정사실이 되었고 어떤 모습으로 어떤 봉사를 할지는 두고두고 고민하고 실천할 일이다.

인생의 어느 시점이 되면 사람은 세상 속으로 나아가야 한다. 삼총사와 내가 세상에 어떤 봉사를 하게 될지 알 수 없지만 세상에 나가길 두려워하는 이들을 위해서 그들의 작은 손을 잡아줄 수 있다면, 더없이 좋은 일이 되리라.

그때였다. 생각에 잠겨 궁벽한 비둘기 앞에 보초를 선 내 곁으로 날개를 펄럭이듯 삼총사가 나를 놀리며 날아들었다.

"까악! 삼촌 뭐해욧!"

"으아, 으악!"

안 그래도 잘 놀라는 나는 기겁을 하고 눈밭에 주저앉았다. 그 바람에 함지박이 엎어지고 뻥튀기가 달칵 나엎어지고 비둘기들은 이게 웬 떡이냐 싶어 푸드덕푸드덕 날아들어 앞마당이 순식간에 아수라장이 되었다.

"아하하하하······."

개구쟁이 세 녀석만 허리를 잡고 웃어대고 눈밭에 뻗어버린 나는 그런 경은이, 은진이, 명숙이를 보며 그놈들이 꼭 펄펄 내리는 새하얀 함박눈 같다고 생각하면서 벌쭉 웃었다.

청송에서 온 편지

사람들은 가난한 총각에게서 돈만 요구했을 뿐, 내가 간절히 바라던 '희망'에는 귀기울이지 않았다.
삶의 희망은 그 모든 어려움, 고통의 끝자락을 지나야 열리는 길일 터인데,
그들은 너무 쉽게 무너졌고, 너무 쉽게 포기했다.
그래서 나는 슬펐다.

바람 없이 맑은 겨울날이 계속되었다. 기온은 낮아도 바람이 없으
니 한결 살 만했다. 쨍쨍 울릴 만큼 새파란 하늘과 한가한 구름만 보
면 마치 가을하늘 같지만 고개를 돌려 사람들을 보면 코끝이나 뺨이
빨갛게 물들어 있었다. 몇 번인가 큰 눈과 혹한이 있었지만 이즈음
에는 투명한 날씨가 한결 사람들 마음을 위로해주었다.

나는 구름 모양으로 코팅된 낱장 달력을 넘겼다. 이 달력과 옆에 붙은 집 모양의 장식물은 지은과 윤미가 선물해준 것이다. 나를 삼촌이라 부르는 두 친구는 유치원 선생들이라서 그런지 아기자기한 물건을 참 잘도 만들었다. 푹신한 압축스펀지로 만든 집 모양의 벽 장식에는 활짝 웃는 모습의 내 사진을 여러 장 붙여두었더니 분위기가 밝다. 뭉게구름 두 개를 나란히 놓은 달력은 구름 속에 적힌 숫자를 따라 날마다 한 장씩 넘겨주는 재미가 있다. 본격적인 방학으로 접어든 날짜가 나로선 마음에 들지 않는다.

　중학교가 방학을 하고 나니 점심시간의 왁자함이 사라져서 퍽 쓸쓸해졌다. 몇십 분이라도 아이들 떠드는 소리가 울려야 매표소가 생생하게 느껴지는데 점심 때가 되어도 조용한 것이 못내 섭섭하다. 그래서 나는 한낮 햇빛이 가장 따스할 때에는 일부러 이리저리 움직일 거리를 찾았다. 겨울이라고 매표소 안에만 웅크리고 있자니 운동 부족으로 온몸이 찌걱찌걱했기 때문이다. 휴지도 줍고 육교까지 걷기도 하는 사이 버스정류장에서 낯익은 얼굴이 나타났다.

　2년 전쯤인가, 어느 날 나는 낯선 편지 한 통을 받았다. 감옥으로부터의 편지. 그것은 청송교도소의 한 제소자로부터 날아온 것이었다. 그렇게 해서 인연을 맺은 사람이 '그'였다. 그가 작년 가을 출소한 이후 처음으로 나를 다시 찾은 것이다.

이 추운 겨울, 그는 중국으로 떠난다고 했다. 얼마 전부터 그런 소리를 들어오긴 했지만 이런 계절에 굳이 떠난다 하니 마음이 썩 좋지 않았다. 그는 나에게 20만 원을 부탁했다.

"여권 준비도 해야겠고 떠나는 마당에 무일푼으로 갈 수가 없어서……. 미안하게 됐네, 동생."

"이번에는 어렵더라도 꼭 잘 해보세요. 어떻게든 살 길을 찾아야지요."

"그래 내 다녀옴세. 얼마나 걸릴지 모르겠지만."

그렇게 추적추적 그는 떠나가버렸다. 전과자로 한국 땅에서는 결국 할 일을 못 찾아 떠나는지, 중국에 가면 그나마 그가 할 만한 일이 있을지 알 수 없는 노릇이다. 어쨌든 이번이 그의 마지막 방황이 되었으면 좋겠다고 생각했다.

2년 전 감옥에서 날아온 그의 편지 속에는 유독 나의 마음을 울리는 문구가 있었다. '사람이 그립다'는 그 말. 그는 신문에도 보도될 만큼 큰 사기죄를 저지르고 가족에게도 버림받은 처지라고 자신을 소개했다. 그 사내는 '죗값을 치르는 고통스런 나날들은 이겨낼 수는 있지만 사람들이 그리운 것은 참기가 어렵다'고 고백하고 있었다. 사람을 그리워하는 것. 무엇보다도 그 그리움의 병이 깊어 잠 못 들고 밤을 지새우기도 한다는 그 남자의 모습이 눈앞에 선했다.

나는 당장 펜을 들었다. 그 가여운 남자에게 용기를 주고 온기를 나눠주고 싶었다. 위로의 글과 함께 나의 시 '미소가 아름다운 사람은'도 함께 적어보냈다. 기대치 않았던 내 답장이 반가웠던지 그는 금방 다시 편지를 보내왔다.

"편지와 함께 보내주신 시는 저 자신을 많이 생각하고 돌아보게 했습니다. 조금 힘들다고 함께 생활하는 동료들을 마음 아프게 한 일은 없는지 스스로 자문해봅니다. 그리고 지금까지 살아온 인생을 생각해보니 자꾸 부끄럽기만 합니다."

그는 목마른 사람이 우물을 파듯 나에게 계속 편지를 썼다. 내 편지에서 위로를 받고, 자신을 추스르려 애쓰고 있었다. 그는 정말 사람이 그리웠던 것이다. 그 그리움을 풀 수 있는 통로, 자유로운 바깥을 향한 촉수는 오로지 나에게로만 뻗어 있는 듯했다. 나는 그가 부디 그 외로움과 그리움을 발판삼아 새 인생을 열어가길 기대했다.

"추석에 텔레비전을 통해 수명 씨를 간접적으로나마 뵐 수 있었습니다. 늘 작게 느껴지던 제 자신이 수명 씨 앞에서는 더욱 작아지는 느낌이었습니다. 때로 왜 이 못난 삶을 이어가고 있는지 저 자신도 이해되지 않을 때가 많습니다."

그는 늘 후회와 함께 새로운 결의를 다졌다. 나는 편지 내용을 통해 그가 컴퓨터와 서예를 배운다는 사실을 알게 되었고, 공부에 필요하다는 국어사전과 영어사전을 보내주었다. 감옥에서나마 배움의 끈을 놓지 않고 자신을 위해 노력하는 모습이 보기 좋았다. 그리고 겨울이 되자 내의를 두 벌 보냈다. 그가 조금이나마 따뜻한 겨울을 보내길 희망하면서.

나중에 나와 전화를 할 수 있게 되자 그는 전화를 자주 했다. 바깥과 통하는 유일한 길이 나를 향해 열려 있었기 때문이리라. 그렇게 통화를 한 날이면 그는 밤에 편지를 썼다.

"사실 이곳 생활이 조금은 힘들고 어렵다가도 수명 씨와 통화하고 나면 다시 힘이 생기고 용기가 납니다. 나를 위해 걱정해주는 분이 있다는 사실에 늘 감사합니다. 저 같은 사람을 조금도 멀리하지 않으시고 전화할 때마다 반갑게 인사해주시는 점 다시 한 번 감사드립니다. 항상 좋은 친구로 남았으면 하는 바람입니다."

나는 그에게 좋은 친구가 되고 싶었다. 내 도움과 격려가 그의 새로운 삶에 밑거름이 되기를 바랐다. 그가 서예대전에 나가려면 연습도 해야 하고 참가비용도 필요하다고 했을 때 나는 기꺼이 그를 도왔다. 감옥에서 자신을 닦으려는 사람이 왜 서예대전에 나가고 싶어하는지, 맞춤법도 제법 틀리고 뛰어난 필체도 아닌 그 수준에 서예대전에 나갈 실력이 되기는 하는지 따위 의심해 보지도 않았다. 그냥 그를 돕고 싶었다.

그리고 다음엔 치과 수술에 돈이 필요했고 그 다음엔 다달이 약값이 필요했다. 나는 그가 출소할 때까지 1년 6개월 동안 매달 15만 원씩 돈을 부쳐주었다. 감옥 안에만 있는 사람이 그 적잖은 돈을 어디에 썼는지는 물어볼 생각도 못 했다. 나는 그저 순수하게 그를 돕고 싶었던 것이다. 그리고 작년 가을 어느 날.

"장수명 씨? 드디어 만났군. 동생, 보고 싶었어."

예고도 없이 그가 나타났다. 편지로 이미 호형호제하게 된 그가 출소하자마자 제일 먼저 나를 찾아왔던 것이다. 처음으로 얼굴을 대하는 우리였지만 전혀 낯설지 않았다. 함께 점심을 하며 우리는 짧은 회포를 풀었다.

"이제 뭘 하실 생각이세요?"

"일단 원주로 가봐야지. 아파트 팔리면 부천에 와서 꽃가게라도 조그맣게 하면서 동생이랑 의지해 살면 좋겠는데. 원주에서 무슨 할 일이 있나 좀 알아보고, 차차 생각해봐야겠어."

그는 늘 편지에 고향 원주의 아파트를 팔아 부천으로 옮겨 앉고 싶다는 이야길 했었다. 어떤 계획이 있는지 알 수 없었지만 그가 부디 사회에 적응하고 새 인생을 찾아 성실히 살아가기를 기도할 수밖에 없었다. 그날 빈손으로 감옥을 나온 그에게 나는 그가 필요하다는 돈을 주저없이 건네주었다.

그렇게 돈을 받아 떠난 그는 한동안 소식이 없었다. 그러더니 한 달 보름이 지나서야 급하게 전화를 걸어왔다.

"어떻게 지내고 계세요? 그동안 뭘 좀 하셨어요?"

"뭣 좀 하려고 뛰어다녀봤지. 아무 데라도 취직을 좀 하려는데 그게 어디 쉬워야지. 휴우……. 그나마 빨간 줄까지 그어져서 그게 더 힘드네. 하는 수 없지 뭐. 이제 집 팔리면 작은 트럭을 하나 살까 해. 운전이나 해먹어야지. 운전 배워서 트럭 몰면 내 밥이야 먹겠지."

"운전은 잘 하시겠어요?"

"그래서 말인데 동생, 운전 배우려는 데 돈이 있어야지. 어떻게 동생이 좀 도와주게나."

또 그 돈을 해주었다. 돈이 필요하니 도와달라는 말을 쉽게 하는 그가 이상하긴 했다. 어차피 그 돈을 빚으로 치고 갚을 날을 기다리는 것은 아니었지만 그는 돈 이야기를 너무 쉽게 하고, 달라는 소리도 쉽게 잘 했다.

나는 그저 상황이 사람을 그렇게 만드는 것이러니 좋게 생각했다. 그가 외롭고 살기 힘든 사람이라는 것만으로도 그를 동정할 이유는 충분했다. 실제로 그가 일을 하고 세상에 섞이기 위해 어떤 노력을 하는지 모르겠지만 어떻든 그것이 그리 쉽지는 않았을 것이다. 전과자로 세상에 나온 중년의 남자가 새 인생을 살기가 어디 말처럼 쉬울 것인가.

　그리고 한 달이 지난 오늘 그가 다시 찾아온 것이다. 그리고 그는 떠났다. 중국을 간다 했지만 중국이든 한국이든 어디서건 그가 설 자리가 만만할 것인가. 어쩌면 그는 내게 내내 거짓말을 한 건지도 모른다. 언제부터인지 몰라도 틀림없이 거짓으로 돈을 얻어가곤 했을 것이다. 그러나 나는 그가 거짓말 속에서도 어떻게든 살아보려고 발버둥치길 바랐다. 거짓으로 돈을 얻어서라도 그 돈으로 무엇이든, 하다못해 지하철 잡상인이든, 막노동이든, 공공근로든, 자장면 배달을 하더라도 제 손으로 노동하기를 바랐다. 전과 기록과는 무관하게 스스로를 구하기 위해 발벗고 나선다면 이제 다시 나를 찾아와 손을 벌리지는 않으리라. 그래서 나는 이번이 그의 마지막 방황이 되기를, 그리하여 그가 다시는 나타나지 않기를 진심으로 빌었다.

　그러나 그 희망이 배신감으로 변하는 데는 단지 4개월이 더 걸렸을 뿐이다. 원주에서 전화를 건 그는 중국에 다녀왔지만 일이 잘 안 되었다고 했다. 그가 스스로 살 길에 나서길 바란 나의 희망은 물거품이 되었다. 어쩌면 그는 원주에 앉아서 입으로만 아파트를 팔았다, 중국을 갔다 왔다고 하면서 나를 이용한 것인지도 몰랐다.

　그는 또 돈을 부쳐달라고 했다. 이번에는 곧 갚을 테니 빌려달라고 한 게 전과 다르다면 다를까. 그러나 이제 나는 스스로 일하지 않는 그를 더 이상 보아줄 수 없었다.

"형님, 오늘 저도 급한 게 있어서 돈을 보낼 수가 없습니다. 저도 오백만 원이 필요해서 지금 친구들한테 알아보는 중이었거든요."

"그럼 내가 모레 오백만 원 해줄테니, 당장 급한 것부터 좀 하세. 오늘 십오만 원 부쳐주면 내가 모레 오백 해준다니까."

말도 안 되는 소리였다. 그는 이제 자존심도 염치도 아예 생각지 않았다. 내 속에서 그에게 걸고 있던 마지막 희미한 동정마저 힘없이 사그라드는 걸 느꼈다. 스스로 살아가려 노력하는 인간이라면 이럴 수는 없었다. 내가 이 세상에 뿌리내리기 위해 노력했던 시절이 그림처럼 눈앞을 스쳤다. 그 시절 내가 했던 노력의 십분의 일이라도 그가 하고 있다고 느꼈다면 나는 기꺼이 그를 도왔을 것이다.

"그만두세요. 형님한테는 만오천 원도 못 보냅니다."

그것으로 끝이었다. 2년 세월 동안 사람이 그립다던 한 인간을 위해 힘껏 애쓴 결과가 이리 허망하다니. 그가 달콤한 말로 나를 속인 걸까. 그가 과거를 벗고 새 삶을 살기를 바란 건 그저 나의 순진한 바람일 뿐인가.

'내가 그를 이렇게 길들인 것일까. 나약하고 비겁하게 내가 부추긴 것일까.'

동정심만 가득했지 미워하기 짝이 없던 내 자신에게 화가 났다.

한동안 그를 생각할 때마다 슬픔과 회한이 일었다. 뜨내기처럼 떠돌 그의 삶이 불쌍하기도 했다. 이제 와서는 비록 헛된 희망일지라도 그가 무언가를 계기로 다시 자신의 인생을 설계하게 되길 간절히 바랐다. 부디 그가 다시 한 번 새 삶을 살 수 있길 기원했다.

언제부터인가 내 주머니에서는 자꾸 돈 나가는 소리가 들린다. 나의 부지런함으로 배가 불렀던 통장은 어느새 어디론가 다시 새어나가곤 했다. 아직 장가 밑천도 벌어놓지 못했다. 내가 알뜰히 저축한 돈을 제대로 꽁꽁 숨겨놓았다면 그래도 매표소 갑부(?) 소리를 듣지 않았을까. 그러나 나의 돈은 늘 '한 번만 도와달라' 는 낯선 사람들의 손에 쥐어지곤 했다. 나에게 구원을 요청하는 사람들에게 나는 늘 아낌없이 돈을 건네주었다.

하지만 사람들은 가난한 총각에게서 돈만 요구할 뿐, 내가 간절히 바라던 '희망' 에는 귀기울이지 않았다. 삶의 희망은 그 모든 어려움, 고통의 끝자락을 지나야 열리는 길일 터인데 그들은 너무 쉽게 무너졌고 너무 쉽게 포기했다. 그래서 나는 슬펐다. 결국 자기 앞의 삶은 자기 자신이 걸머쥐고 가야 함을 알기에 나는 그들이 더욱 슬픈 것이다.

오늘도 나의 통장이 배고파 울고 있다. 찬바람이 코끝을 에이는 어두운 새벽, 나는 다시 매표소 문을 연다. 희망을 위하여.

"알콜도수 100도란다. 이거 먹으면 우리 식구들 죽는 거 아니야?"

"자자, 우리 엄마한테는 특별 보너스가 있어요. 자, '산타클로스와 친구들', 준비됐나요?"

봉고차를 타고 온 산타클로스

밤중에 난데없는 기타소리가 울리고 '산타클로스와 친구들'이 '누이'를 부른다.

북극나라에서 온 산타가 부르는 한국의 트로트 음악이 작은 거실을 신바람으로 가득 채운다.

한 장 남은 12월 달력이 처량하다. 게다가 달력에 적힌 숫자가 휙
휙 지나가더니 열 개도 안 되는 날짜가 달랑달랑 벽에 걸려 있을 뿐
이다. 이미 과거로 지나가버린 그 많은 숫자들…… 아직 내일로 남
겨진 몇 개의 숫자들이 체념과 조바심을 안고 기죽어 있다.

연말이면 누구나 그렇듯 내 마음도 수런수런했다. 창밖에는 화분

에 물이라도 뿌리듯 안개비가 흩뿌리고 있다. 하늘이 어두운 탓에 일찌감치 켜둔 간판등 밑으로 실낱같은 물방울이 반짝반짝 아름답게 빛났다. 창틀에 턱을 괴고 뿌연 유리창 너머로 밖을 보자니 노란 등불에 비친 보석방울 위로 지나간 하루하루가 새록새록 되살아났다. 햇빛 좋은 날에도 구름처럼 살았고 바람 좋은 날에도 비바람처럼 살았구나…… 갑자기 스쳐간 세월 전부가 내 것이 아닌 것 같다는 생각이 든다. 하루 하루의 날을 생의 마지막 날처럼 소중히 여기며 보내지 못한 까닭일까, 나는 자문해보았다.

지난날들은 늘 아쉬움으로 남고 지금의 남은 날은 그저 안타까울 뿐이다. 한껏 기지개를 켜본다. 그러나 그 시원함조차 내 기분대로의 것이 아닌가 보다. 어쩐지 뻐근한 허리께 통증이 늙어가는 연습이나 한 것처럼 옆구리를 보챘다. 이런 기분을 빨리 털어버리고 몇 개 안 남았다고 조바심치는 날짜들을 진정시켜야 했다. 아이디어는 언제나 순간에 떠오른다. 벌써부터 실실 웃음이 나오는 것을 참지 못하고 나는 전화기를 들었다.

"마테오 형? 형 내일 뭐해요? 아니, 내일 무조건 시간 내요, 꼭! 차 갖고 저녁때 매표소로, 알았죠?"

내일의 일을 계획하고 보니 오늘이 갑자기 바빠졌다. 그래도 나는 내가 궁리한 계획에 흥얼흥얼 신이 나서 매표소 셔터를 반쯤 내려놓고는 까르푸로 뛰어갔다.

그리고 다음 날, 소담스런 눈꽃송이가 하늘하늘 날렸다. 해진 뒤 송송 내리던 눈송이들이 차곡차곡 쌓이며 길 위로 하얀 솜이불을 덮어주는 저녁, 아담한 봉고차를 몰고 마테오 형이 매표소 앞에 나타났다. 시간 맞춰 매표소를 닫아걸고 봉고차에 오르는 나를 보고 형이 입을 딱 벌렸다.

"하하하하 수명아, 너 또 무슨 짓 하는데."

"마테오, 그대를 오늘의 루돌프로 임명하노라!"

빨간 모자, 빨간 외투, 북슬북슬 하얀 수염, 커다란 선물보따리. 나는 마음 좋은 산타할아버지가 되어 있었다. 어제 아이디어가 떠오른 후로 이 모든 걸 밤새 준비하느라 밤을 꼴딱 새웠건만 철없는 젊은 산타가 되고 보니 어째 이리 좋은지 벙글벙글 웃음을 감출 수가 없다.

"오냐, 그래 오늘만 날이지. 마테오 루돌프가 모는 봉고 썰매 나갑니다요!"

나의 변신에 마테오 형도 덩달아 신났다. 도깨비 같은 내가 꾸민 일에 재미있게 구경하고 함께 왁자지껄 웃어주면 그만이라고 그는 좋아했다. 아직 크리스마스가 며칠 남은 눈 오는 저녁, 우리 두 사람은 벌써 크리스마스를 맞이하고 있었다.

덕유마을 앞길에 봉고차가 서고 나는 날씬한 산타가 되어 봉고 썰매에서 내렸다. 그 뒤로 기타를 든 세 명의 천사가 쫄쫄 따라나섰다. 굴뚝 대신 엘리베이터를 타는 현대식 산타클로스가 한 집 앞에서 딩동, 벨을 울렸다.

"누구세요?"

"산타클로스가 왔어요!"

딸까닥 문을 열고 나선 건 초등학생 2학년인 막내둥이 연주. 문 앞에 선 낯선 차림새의 방문객에 깜짝 놀라면서도 얼굴에는 벌써 함박웃음이 번지고 있다.

"엄마! 산타 할아버지가 왔어! 산타야! 산타. 빨리 나와봐!"

팔딱대는 막내에게 끌려 영자 누나가 현관으로 나섰다. 그녀는 어리둥절한 표정으로 잠시 어떻게 해야 할지를 모르고 섰다. 뒤이어 첫째, 둘째 연년생인 여중생 아이들도 나와서는 웃음만 가득 물고 있다.

"안녕하세요? 저 멀리 북극나라에서 온 산타예요. 착한 막둥이한테 선물을 주려고 왔지!"

거실에 주섬주섬 꺼내는 선물은 귤, 사탕, 행복주, 네잎 클로버 책갈피들이다.

"자, 우리 막둥이는 믹으면 젤로 이뻐지는 귤하고 사랑이 착착 붙는 달콤한 사탕, 언니들은 행운을 부르는 네잎 클로버, 그리고 엄마는 온 가족과 마시는 행복주예요."

아이들은 웃음이 만발해서 금세 달려든다. 산타 할아버지를 요리조리 뜯어보던 영자 누나가 마침내 웃음을 터뜨리고 말았다.

"너, 수명이구나? 수명이 맞지?"

"오늘은 아닙니다. 산타클로스 총각이에요."

"하하하 매표소 삼촌이다. 삼촌, 깜짝 놀랐어요."

경아, 은비 두 여중생이 나를 알아보고는 배꼽을 잡고 웃었다. 그리고는 선물을 살펴보다가 사이다에 직접 라벨을 만들어 붙인 '행복주'를 보고서 또 키득거린다.

"엄마 이거 좀 봐. 행복주 본사가 부천시 원미구 중동 행복한나 그네매표소라네. 소비자고발센터 번호도 삼촌 번호다. 와, 웃기네 이거."

"알콜도수 100도란다. 이거 먹으면 우리 식구들 죽는 거 아니야?"

"자자, 우리 엄마한테는 특별 보너스가 있어요. 자, '산타클로스와 친구들', 준비됐나요?"

밤중에 난데없는 기타소리가 울리고 '산타클로스와 친구들'이 '누이'를 부른다. 북극나라에서 온 산타가 부르는 한국의 트로트 음악이 작은 거실을 신바람으로 가득 채운다.

"자, 언제나 싸랑스런 누이! 누이! 누이! 나갑니다~"

"언제나 내겐 오랜 친구 같은 사랑스런 누이가 있어요.

보면 볼수록 매력이 넘치는 내가 제일 좋아하는 누이~"

노래를 부르는 동안 막내는 신나서 방방 뛰고 큰아이들은 박수치며 박자를 맞추는데 정작 영자 누나 눈에는 이슬이 맺혀든다. 아버지가 없는 가정에 아이들에게 온정을 베풀어 줄 수 있어서 정말 다행이다. 눈시울을 적시는 영자 누나는 아마도 얼마 전 내가 발벗고 나서준 까르푸 사건 때문에 감회가 남달랐으리라.

영자 누나는 매표소 건너편에 있는 약국에 근무한다. 직원이 열 명이 넘는 큰 약국이라 그들의 점심식사를 책임지고 있다. 처음엔 매일 매표소를 지나다녀 낮이 익은데, 내가 근처 대형마켓의 화장실을 이용하러 갈 때면 장을 보던 영자 누나와 자주 마주쳐서 서로 웃으며 인사하다가 친해졌다. 내가 사회의 소수자로 남다른 삶을 살아온 것처럼 가장으로 세 자매를 키워온 영자 누나도 남모르는 아픔과 고통이 없을 리 없었다. 마음 아픈 일들을 나누고 고달픈 속내를 위로하면서 친남매처럼 된 데다 두 딸이 모두 매표소 앞의 중학교를 다니다 보니 이래저래 나는 그 가족의 진짜 삼촌이 되어 있었다.

그런 영자 누나가 어느 날 마켓에서 난데없이 도둑으로 몰려 모욕을 당했다. 장을 보고 돈이 모자라 물건을 들어내고 셈을 다 치르고 나왔는데 그 다음이 문제였다. 어찌된 영문인지 다음에 그곳에 갔더니 마켓에서 빵을 담당하는 직원(일명 빵과장)이 그녀를 완전 도둑 취급을 했던 것이다. 어디서부터 잘못되었는지 모르지만, 그녀가 뭐라 변명을 하거나 사태를 파악해볼 여지도 없이 다짜고짜 상욕이 그녀에게 날아왔던 것이다. 그러는 바람에 그녀는 마음에 깊은 상처를 입고 말았다. 영자 누나는 이런 일을 당하는 중에, '이럴 때 쫓아가 편들어줄 남편이 옆에 있었다면 얼마나 좋을까.' 하고 생각해보았을 법도 하다. 적어도 남편이 곁에 있었다면 그 젊은 직원이 누나를 무시하면서 보인 작태를 그냥 넘기지는 않았을 것이다. 내가 영자 누나를 데리고 다시 그 마켓을 찾았을 때 그 망나니는 대뜸 욕부터 내뱉었다.

"저 도둑 ×, 왜 또 왔어? 야, 이 도둑 ×아, 또 뭐 훔치려고 왔냐, 뭐야? 왜 왔어?"

앞뒤 가리지도 따져보지도 않고 소리부터 질러대는 통에 장을 보던 사람들의 눈길이 다 쏠렸다. 전후 사정을 모르는 손님과 직원들은 당연히 호기심 동한 얼굴로 영자 누나를 흘깃거렸다. 지난번에도 누나가 혼자서 막내 동생처럼 새파란 녀석에게 이런 꼴을 당했으려니 생각하자 나의 분노가 폭발했다.

"나가, 나가라니까? 너 같은 건 손님도 아냐. 도둑……."

혼자 상욕을 늘어놓는 빵과장에게 내가 먼저 몸을 날렸다. 언젠가 나이트클럽에서 나를 모욕했던 남자에게 느꼈던 분노가 다시금 몸 속에서 불타올랐다. 약자에게 강한 비겁자에 대한 분노 본능이 내 속에서 꿈틀거렸다. 나는 망나니 같은 녀석의 멱살을 움켜쥐고 들러 붙었다.

"야, 이 새끼야. 네가 뭔데 우리 누나한테 욕을 해? 잘 알지도 못하면서 우리 누나가 도둑질 하는 거 네가 봤어? 봤냐고? 왜 보지도 않고 거짓말을 해? 이 나쁜 놈아!!"

"어어어어, 이게 뭐야. 이거 놔! 안 놔!"

당황한 그가 뿌리치려 했지만 찰거머리같이 붙은 나를 떼어낼 수는 없었다. 주변의 직원들이 달려들어 뜯어말리는 동안 나는 억센 왼손으로 그 사내의 셔츠를 갈갈이 찢어놓았다. 정말 나도 모르게 미친 듯이 물어뜯고 찢어발기고 악을 썼다. 그날 마켓 매장은 진풍경으로 일대 혼란이 빚어졌다.

일은 거기서 끝나지 않았다. 물론 나는 후에 내 무례를 사과하고 빵과장에게도 경솔한 행동을 했던 것에 대해 사과를 요구했지만 그는 전혀 말을 듣지 않았다. 결국 러시아 사람인 지점장을 만나기 위해 내가 4개 국어에 능통한 지원군을 대동하고 지점장의 출근길을 지켜 섰을 때에야 빵과장은 사태를 파악했다. 그는 사색이 되어 손이 발이 되도록 빌었다. 일차 만났을 때는 데면데면했던 지점장의 비서도 태도가 확실히 달라져 있었다. 물론 요구한 사과는 정식으로 받아들여졌고 무식한 빵과장은 다른 지점으로 좌천되었다. 악몽 같던 기억으로 괴로웠던 영자 누나는 드디어 한숨을 돌리고 명예를 되찾을 수 있었다.

"마음이 외로와 하소연할 때도 사랑으로 내게 다가와

예쁜 미소로 예쁜 마음으로 내 마음을 감싸주던 누이,

나의 가슴에 그대 향한 마음은 언제나 사랑하고 있어요."

아마도 그 일이 생각나서인가. 영자 누나는 노래가 다 끝난 후에도 한동안 느꺼운 마음을 달래지 못했다. 그런 일을 당하고 보니 정작 바람막이가 되어줄 남편의 빈자리가 더욱 크게 느껴졌는지도 모른다. 나 자신 또한 약자이면서도 누나를 위해 싸워준 것에 대한 고마움도 없지 않으리라. 겨우 마음을 가다듬은 영자 누나가 이번에는 겸연쩍게 웃는다.

"얘들아, 우리 삼촌한테도 행복주 한 잔 나눠줄까?"

"그래요. '산타클로스와 친구들' 께도 한 잔씩 돌릴게요."

"산타클로스와 친구들은 오늘 밤 무지 바빠요. 행복주를 더 많이 나눠줘야 하거든요."

아직 반짝이는 물기를 머금은 영자 누나의 눈빛이 오늘밤 따뜻하게 젖어든다. 그렇게 따뜻한 행복의 가루를 뿌려주고 내가 친구들과 함께 다시 봉고 썰매에 오를 때 아이들은 베란다에서 손을 흔들어 주었다. 나는 또 수명산타가 되어 예기치 않은 기쁨을 나눠주려 다음 보금자리를 찾아 봉고 썰매에 올랐다. 오늘 밤 수명산타의 가슴이 벅차다.

생긋 웃는 얼굴, 꽃보다 아름답습니다.
새벽공기처럼 상쾌합니다.
누군가 나를 향해 생긋 웃으면
그날 하루가 즐겁습니다.
아닙니다. 남의 웃음을 기다릴 필요 없습니다.
내가 먼저 누군가를 향해 생긋 웃어주면
나도 행복하고 그 사람도 행복해집니다.
웃음도 행복도 전염됩니다

오늘도 많이 웃으세요

할머니의 위로

할머니는 아무렇지도 않은 얼굴로
나를 바라보며 말씀하신다. "그러엄, 수명이는 하나도 안 변했지."
그리고 손자의 머리를 사랑스럽게 쓰다듬어주신다. 나는 지금 할머니 품에서 잠들고 싶다.
이 편안함, 이 따뜻함. 지금 이 순간만큼은 할머니의 그저 어린 손자이고프다.

연말연시라고 조금씩 들떠 있던 기분들이 가라앉아 가고 있다. 새
해가 되면 뭔가 거창한, 새로운 계획이라도 세워야 할 것 같은 기분
이지만 사실 사는 일이 그렇지는 않다. 어제가 오늘 같고, 그날이 그
날 같은 일상의 연속이 새해로 들어섰다고 갑자기 바뀌는 건 아니기
때문이다.

겨울방학이 지루하게 계속되면서 나도 좀 지친 느낌이다. 날이 일찍 저무는 것도 자꾸 몸이 움츠러드는 것도 싫다. 빨리 아이들의 활기찬 목소릴 듣고 싶다. "아저씨, 나 때문에 재밌죠?" 하면서 온갖 유행하는 코미디를 선보이는 태현이, 진영이도 보고 싶고, 물건을 살 때마다 괜히 깎아달라고 흥정을 붙이는 일선이도 보고 싶다.

외로운 마음에 오랜만에 메일을 열어보았다. 인터넷 시대이다 보니 예전 같으면 설레는 손끝으로 조심스레 편지봉투를 뜯어볼 터인데 요즘은 그런 재미가 덜해졌다. 제주도나 일본에서 오는 편지를 받을 때면 그 먼 곳에서 나를 찾아 편지가 길도 잃지 않고 오는 게 참 고마웠다. 그런데 지금은 미국에서 오는 메일도 1초 만에 내 눈앞에 펼쳐지니 왠지 허전했다. 흰 편지봉투가 여러 우편국을 거치며 사람들 체취를 묻혀오는 것 같은, 그런 느낌이 메일에는 없다.

그래도 몇 번의 클릭으로 메일을 펼치고 보니 뜻밖의 편지가 몇 통 있었다. 내가 출연했던 방송을 보고 보낸 것들이었다. 요즘은 케이블 채널이 많아 재방송이나 지역방송이 흔해서인지 어떤 친구는 나더러 "너는 텔레비전만 켜면 맨날 나오냐?" 하고 농담을 할 정도였다. 어떤 방송을 보았는지 모르겠지만 챙겨서 소감도 보내주고 격려도 해주니 정말 힘이 난다.

"오늘 방송 짱~!! 행복한 나그네님께서 볼 수 있기를…….

오늘 방송 잘 봤습니다. 언제나처럼 마음이 따뜻해지고 세상 속에서 살아갈 얼마만큼의 온기도 얻었습니다.

음…… 판도라의 상자가 열린 이후, 그것의 악함으로부터 인간을 보호하기 위해 신께서 천사들을 인간 속에 함께 살아가도록 했다는 얘길 들은 적이 있습니다. 보통의 사람들보다 약한 육체와 강한 정신을 가짐으로써 서로 부족함을 채워주고 사랑을 나누는 방법을 가르쳐준다구요.

행복한 나그네. 또 하나의 천사를 발견했습니다. 마음이 따뜻하고 뿌듯하고, 그러나 실은 마음이 조금 아프기도 하네요.

자신이기보다 우리이길 바라는 사람들이 우, 리, 라는 집단에 외면당한다는 것, 그리고 마음에 상처를 입는다는 것, 상처를 따뜻한 사랑으로 감싸고 부디 천사의 모습을 잃지 않길 기도할게요. 신께서 내려주신 당신을 신께서 외면하진 않을 거라 생각합니다. 모두모두 언제나 저보다 행복하시길.

힘내세요!!"

요즘 정말 우울했다. 그런데 이 메일에 마음이 촉촉이 젖어들고 한껏 위로받은 느낌이다. 하지만 그러면서도 여전히 조금은 슬펐다. 어쩐지 늘 외로움을 친구 삼아야 할 것 같은 내 운명의 느낌이랄까. 사람들 사이에서 외면당하던 시절을 뛰어넘어 오늘에 이르렀는데도 때로 내 가슴이 시린 것은 이 계절 탓인가.

이제는 이상적인 결혼생활을 꿈꾸는 것조차 두려울 정도이다. 한때 그렇게 죽자사자 쫓아다니며 결혼에 골인한 친구들도 무슨 이유에선지 하나둘, 이혼을 했다. 오늘만 해도 낮에는 친구의 와이프가, 밤에는 그 남편 되는 친구 녀석이 날 찾아와서는 사는 일에 하소연을 하지 않았던가. 양쪽을 다 알고 그 둘과 절친한 사이인 나는 이럴 때 정말이지 곤란하기 그지없다. 나에게는 그 어려운 결혼을 그들은 잘도 하고 살면서 나에게 이렇게 충고한다. "맘 편하게 혼자 살어!" 맥 빠지는 순간이다.

나는 새벽 7시부터 밤 8시까지 꼬박 13시간을 매표소에서 보낸다. 게다가 온갖 종류 별의별 손님들과 부딪힌다. 사람들은 나더러 순진하다고들 말하지만 때론 그들이 나를 자꾸 이용하려 든다고 느껴질 때가 있다. 그럴 때면 나는 '매일 학생들만 보고 지냈으면 좋겠다'고 생각할 때가 많다. 아직 사회의 때가 묻지 않은 아이들의 천진난만한 웃음이 나의 고독과 슬픔, 분노를 삭혀주는 청량제 역할을 해주기 때문이다.

너무 지칠 때는 문닫고 집으로 일찍 들어가 쉬고 싶기도 하다. 그러나 서른이 넘은 나이지만 불행히도 우리 집에는 나만의 공간이 없다. 할머니랑 같은 방을 쓴 지도 어언 18년. 아마도 그래서 내가 진작부터 "이제 얼릉 결혼해야지, 아님 정말 내 방 갖고 싶다아." 라고 더욱 소망했던 것일 게다. 이래저래 '행복한 나그네 매표소' 만이 나의 유일한 쉼터다.

그런데 매표소로 나를 찾아오는 사람들이 워낙 중구난방衆口難防이라 이제 누가 뭐 좀 도와달라고 부탁하면 지레 겁부터 나기도 한다. "언제부터 인간 장수명이 이렇게 겁쟁이가 됐담?" 나 혼자 물어보면서 여간 씁쓸하지 않다.

그럴 것이 뜬금없이 TV 보고 왔다고 입원비를 대달라질 않나, 친구라는 녀석이 고소장에 위증을 해달라지 않나, 도와주겠다고 와서는 식당을 차릴 테니 카운터를 보라질 않나, 심지어 입당을 해달라질 않나, 자기네 호프집에 와서 인터뷰를 하면 술을 공짜로 준다는 둥, 갖가지 거품만 잔뜩 낀 사연과 사건 속에서 씨름할 때가 많다.

그런 스트레스가 마치 좀이 슬 듯 내 마음을 좀먹어 들어간다. 그럴 때면 가끔 술로 마음을 달래기도 한다. 맥주 500cc이면 얼굴이 발개지며 앞이 핑핑 돌던 내가 어느덧 1000cc를 거뜬히 넘겨, 이제 2000cc도 마다하지 않는다. 그리고 술을 마시면 눈물깨나 흘린다. 그동안 참고 참았던 마음속 슬픔들이 걷잡을 수 없이 몰려와 나를 '엉엉' 울보로 만든다.

그런 나를 현숙 누나가, 재민이 형이 옆에서 위로한다.

"울지 마, 수명아. 너는 길가는 사람들에게 행복을 나눠주는 천사잖아. 천사!"

"나 천사 아니에요. 천사 안 할래. 나는 그저 매표소를 찾아오는 사람들이 울면 같이 울고, 웃으면 같이 웃고, 사람들이 나를 찾고 나를 떠나갈 때까지 같이 울고 웃고…… 그렇게 살아가는 거지요, 뭐. 그게 내가 사는 모습이야."

눈물이 쏟아질 때는 언제고, 그런 생각을 하자 나는 어느새 흐뭇하게 웃음이 난다. 그런 나를 현숙 누나가 가만히 들여다보며 같이 웃었다.

"너는 꼭 세속에 있는 신부님 같다, 수명아. 정이 많아서 성당선 못 사는 속세의 신부님."

"어, 누나, 우리 신부님하고 통화했어요? 두 분이 똑같은 말씀을 하시네?"

이렇게 좋은 사람들과 한잔 술을 기울이며 나는 오늘의 시름을 살짝 덜어냈다. 현숙 누나 부부가 집 앞 골목까지 바래다주고 갔다. 술기운에 슬렁슬렁 걸으며 맑게 갠 밤하늘을 올려다보았다. 별들은 무슨 재미난 일이 있는지 잘랑잘랑 방울소리라도 낼 듯 흐무지게 반짝인다. 가물가물하는 별빛들은 꼭 웃음을 가득 머금은 아이들 눈빛 같다.

오늘 받은 메일 생각이 났다. 그 생각을 하자 슬며시 미소가 나왔다. "그래도 내가 행복한 나그네지!" 걸음이 한결 가벼워졌다.

오늘은 할머니 품이 그립다. 이제 80을 넘긴 할머니, 치매에 걸려 나의 말귀도 제대로 알아듣지 못하는 우리 할머니. 요즘 할머니는 맑은 정신이다가도 어느 순간에는 먼 곳에 여행이라도 간 듯 딴청을 피우기 일쑤라서 내 말을 잘 알아듣지도 못하신다.

그래도 오늘은 열 살 때의 습관처럼 할머니 옆구리에 얼굴을 묻고 말을 건넨다.

"할무니, 사람이 오래 사귀면 친구든 애인이든 그만큼 더 좋아야 하는 거 아냐? 철없이 놀던 시절에는 복잡한 일도 없었는데…… 왜 어른이 되면 모든 게 그리 변하는 걸까? 사랑도 우정도 변하지 않았으면 좋겠는데 왜 변하는 걸까. 그 사람들이 보기엔 내가 변한 걸까?"

갑자기 할머니가 제정신으로 돌아온 걸까?

"네가 변하긴 뭘 변해. 수명이는 그대로지."

깜짝 놀라 고개를 들고 할머니를 지그시 쳐다보았지만 할머니는 아무렇지도 않은 얼굴로 나를 바라보며 말씀 하신다.

"정말?"

"그러엄. 수명이는 하나도 안 변했지."

그리고 손자의 머리를 사랑스럽게 쓰다듬어주신다. 나는 지금 할머니 품에서 잠들고 싶다. 이 편안함, 이 따뜻함. 지금 이 순간만큼은 할머니의 그저 어린 손자이고프다.

행복의 문

"행복의 한 문이 닫히면 다른 한 문이 열린다.
하지만 종종 우리는 닫힌 문을 너무 오래 바라보기 때문에
우리에게 열려 있는 행복의 문은 보지 못한다."

겨울의 종착역, 봄의 출발역이 멀지 않았다. 겨울 열차가 여운을
남기듯 기적을 울리며 사라져갈 그 역이 멀지 않은 것이다. 앞마당
의 가지들은 여전히 벌거벗은 채였고 하늘도 여느 때와 매한가지로
차고 푸르렀다. 그러나 겨울은 시나브로 물러가고 있었다.

며칠 전에는 때아닌 솜털눈이 가볍게 날리었다. 그리고 땅에 채

앉기도 전에, 사랑할 새도 없이 그렇게 스러져갔다. 이 계절이 마지막 인사를 하는 것이려니 싶어 그 눈을 맞으며 겨울에 작별 인사를 했다. 눈은 나의 콧등으로 뺨으로 수줍은 듯 살포시 입맞추려다 부끄럼을 못 이기고 지레 숨어들었다.

그러다가 오늘 문득 신비한 햇살 아래서 먼 옛날의 기억 한 조각을 건져올렸다. 음악과 시의 열정에 빠져 도서관 여기저기 책들 사이를 누비고 다니던 시절. 햇살 비추인 구석진 창가, 낡은 의자에 홀로 앉아본 적이 있었다. 그때 창밖으로 보이던 흔들리는 나무, 그리고 마치 특별한 세상처럼 온화하고 따사롭던 그곳. 왠지 모를 외로움에 젖어들 때면 도서관을 찾았다. 그때 본 그런 구석진, 하지만 햇빛 드는 창가에 앉아서 책을 보고 호기심으로 세상을 보았다. 그러면 아무것도 슬프지 않고 희망이 생기곤 했다. 말없는 햇살이 가르쳐준 희망이었다. 그 햇살의 신비가 오늘 나의 기억 속에 되살아나 몽글몽글 희망의 아지랑이도 함께 지펴주었다.

이토록 신선한 아침, 지선 씨가 출근길에 매표소에 들렀다.

"좋은 아침입니다. 수명 씨 좋아하는 선물!"

그러면서 그녀가 매표소 창 앞에 올려놓는 건 앙증맞은 케이크 상자다.

"우와, 세상에! 웬 케이크? 징말 내 선물이야?"

"발렌타인데이 주간 스페셜 프레젠트! 짜잔~"

"정말, 이번 주에 발렌타인데이가 있구나. 야아, 고마워라."

"나 가요, 지각하겠어. 맛있게 먹어요!"

"지선 씨 생각 많이 하면서 잘 먹을게요. 이번 화이트데이를 기대하세요!"

지선 씨는 영자 누나가 다니는 건너편 약국의 직원이다. 내가 상자를 살살 열어 보니 어쩜 그리 귀여운 케이크가 들어 있는지! 일단 향기로운 냄새 먼저 맡아보았다. 오늘 저녁 누군가 찾아오는 손님과 함께 먹게 되겠지, 생각하며 냉장고에 넣어두기 전에 잠시 눈과 코로 케이크를 실컷 즐겼다.

아침부터 설렘으로 출발한 오늘, 나에겐 또 다른 기쁨이 준비되어 있었다. 맑은 햇살이 숨을 죽여가는 저녁 무렵 호쾌한 오토바이 소리와 함께 시커먼 헬멧으로 무장한 한 남자가 매표소 앞에 멎었다. 넘어가는 햇살에 헬멧 고글이 반짝 빛을 발했다. 찰칵 고글을 제치며 "퀵서비습니다." 하고 남자가 외쳤다.

배달맨이 남기고 간 물건은 팔절지 크기의 액자 소포였다. 얄포름한 노란색 포장지에 싸인 물건을 매표소 안으로 들여놓고 슬슬 흥분이 되기 시작했다. 유리 앞부분에 메모장이 꽂혀 있는 것도 어렴풋이 비쳤다. 예상치 못한 기분 좋은 일이 닥치면 늘 그렇듯 나의 호들갑이 고개를 들었다.

당장 카메라를 들이대고 이리 찍고 저리 찍고 엎어놨다 뒤집어놨다 하면서 조물락거렸다. 익명의 선물은 언제나 그렇듯 나를 들뜨게 한다. 혼자 상상하고 궁리하는 재미가 있다. 머릿속에서 별의별 상상이 꼬리를 물고, 혼자 벌쭉벌쭉 웃어대며 기대를 부풀리는 시간. 나는 그런 설렘의 시간을 퍽 즐기는 편이다.

아무리 앞뒤로 돌려보아도 속에 비치는 메모 외에 별다른 단서는 없다. 무슨 액자일까? 누가 보냈을까? 긴 생머리의 세무서 여직원일까? 싹싹한 화장품 가게 아가씰까? 다른 익명의 선물들처럼 이 액자도 소박한 것이겠지만 나에게는 이미 세상 무엇과도 바꿀 수 없는 소중한 물건이 되어 있었다.

저녁 때 자주 들르는 현실이가 오자 오늘의 이 사건을 호들갑스레 보고했다. 그럴 때 나의 마음은 반짝반짝 행복으로 빛나고 내 오른 손은 말을 듣지 않고 허공에서 춤을 춘다. 익히 알고 있는 모습인데도 현실은 언제나 그런 내 모습이 재미있다고 했다.

"또 난리 났네, 난리 났어. 그래서 받은 지 한 시간도 넘었는데 여태 안 풀어보고 혼자 뽕 갔니?"

"오오오, 어떻게 풀어봐. 으흐흐흐, 너무 좋아, 너무."

"으휴, 너 그렇게 좀 웃지 마. 금방 침이라도 흘릴 것 같다야."

"그래도 좋은 걸 어떡해. 현실아, 나 정말 좋아."

"또 몇날 며칠 동안 난리 부르스 하겠네. 아, 빨리 풀어봐. 안 그럼 내가 푼다?"

여전히 주체할 수 없는 웃음이 나오고 나도 모르게 자꾸 박수를 쳤다. 두 손을 마주잡았다, 폴짝댔다, 진정을 못하고 있다가 결국 현실의 재촉에 못이겨 포장을 풀었다. 떨리는 마음으로 노란 포장지를 벗겨내자, "와아!" 액자에는 십자수로 수놓은 글귀가 담겨 있었다. 그라데이션을 이루는 글자 하나하나가 모두 수를 놓은 것이었다! 초록색이 변주되는 글씨 뒤로는 아름다운 문과 넝쿨, 꽃잎들이 무늬를 이루고 있었다.

"어머어머어머, 웬일이니! 이걸 다 수놓았어!"

"오오, 오오, 오오호호……."

나는 그저 탄성만 지른 채 벌린 입을 다물 줄 몰랐다. 현실이 정말 감동한 눈치다. 웬만한 정성이 아니고서는 할 수 없겠다는 걸 한눈에도 알 수 있었다.

"행복의 한 문이 닫히면 다른 한 문이 열린다.
하지만 종종 우리는 닫힌 문을 너무 오래 바라보기 때문에
우리에게 열려 있는 행복의 문은 보지 못한다."

두 손을 맞잡고 넋을 잃은 나를 대신해 현실이가 음미하듯 천천히 글귀를 낭독했다. 그리고 내가 펼쳐주는 편지를 읽어주었다. 난 그저 아무 말 없이 가만히 귀를 기울였다.

'행복을 파시는 천사님…….

처음 뵈었을 때가 아마도 꽃샘바람이, 오는 봄을 시기할 때쯤인 것 같아요. 몸이 좋지 않아 눈만 빼꼼 내놓고 온 얼굴을 가린 채 로또행운을 바라며 갔던 게 처음 방문이었답니다. 그때 로또보다 더 따뜻한 행운을 얻어왔지요. 파라솔 아래에서 번호를 적으려는 우릴 혼자 움직이기도 힘든 공간임에도 안으로 초대하고 따뜻하게 히터까지 틀어주시던, 늘 미소가 머무는 천사님을 지울 수가 없었네요. 오늘 들렀다 보았어요. "웃으세요, 미소가 아름다운 사람은……." 글귀 따라 괜히 미소가 지어지네요.

이건 저의 첫 작품(?)이에요. 서툴지만 가게에 걸어주시면 감사할게요.

추신: 항상 건강하시구요. 늘 웃는 모습 뵙길 바랄게요.'

잠깐 동안 우리 둘은 마주보며 웃었다. 현실이 먼저 입을 열었다.

"친구야, 넌 아주아주 괜찮은 사람이야. 네가 사람들을 행복하게 해주는 게 틀림없구나."

"현실아, 나 잘 살고 있는 거 맞지, 그치?"

가슴이 뭉클해옴을 어쩔 수 없다. 처음 쌀쌀맞은 낯빛으로 매표소 앞을 오가던 타인들로부터 오늘날 이런 사랑을 받게 될 줄이야 감히 상상이라도 했던가. 내가 쓴 시를 나눠주면 그 자리에서 휴지통에 확 버리고 가던 사람, 침이 마르도록 인사를 해도 거들떠보지 않던 냉정한 사람, 한밤중에 매표소를 몽땅 털어간 도둑, 매표소를 지키고 앉은 나를 유인해내서 가방을 슬쩍 가져간 소매치기, 청소하는 것을 보면서도 꽁초를 던지던 사람…….. 나는 감회에 젖어 액자를 가만히 쓰다듬었다. 나는 그들에게 무엇을 주었나.

미소, 한 조각의 시, 사랑, 희망.
나는 언제까지라도 삶의 청정수역에 머물고 싶다.
누구나 그리워하는 곳, 원래 그들이 왔던 그곳,
언제나 돌아가고 싶은 바로 그곳.
내가 거기 머물며 그들에게
언제라도 맑은 일급수를 뿜어줄 수 있다면!
어른이 되어 떠나간 그들이 언제라도
거기 돌아와 순수해질 수 있다면!

그들은 내게서 삶의 에너지와 소박한 행복을 한 바가지 퍼가고 나면 곧 자그마한 선물로 나의 행복한 나그네 매표소에 보답해온다. 집에서 구운 쿠키나 시골서 가져왔다는 호박고구마, 너무 맛있어서 혼자 먹기 아깝다는 과일이며, 직접 만든 음악 CD, 마음에 좋은 시집이나 책 한 권, 귀여운 인형……. 사람들은 그런 선물들을 끊임없이 내게 들고 온다. 소박하지만 커다란 마음을 담아서.

"매표소 아저씨, 안녕하세요?"

"안녕! 얘들아, 오랜만에 보니까 더 예뻐졌구나."

드디어 겨울방학을 끝낸 아이들이 등교를 시작했다. 고물고물 몰려다니는 아이들이 있어서 행복한 '행복한 나그네 매표소' 도 겨울잠에서 깬 듯 활기를 얻었다.

"아저씨! 내가 방학 동안 아저씨 캐릭터 만들었어요. 완성되면 보여드릴 테니 기대하세요!"

"우리 예술가 예름 작가! 최고야, 최고."

나에게 모든 아이들은 현재형이다. 만화가 지망생은 만화가, 사업가 지망생은 사업가, 개그맨 지망생은 개그맨. 예름이는 캐릭터를 만들고, 준호는 언제가 될지 알 수 없는 내 결혼식 때 사회를 봐준단다. 7년 전 삼총사 아이들이 그때도 현재였고 지금도 현재인 것처럼 지금의 아이들 역시 나에겐 현재이고 앞으로도 그러할 것이다.

새봄이 오면 또 병아리 같은 어린아이들이 헐렁한 교복을 입고 나와 만나게 될 것이다. 난 또 새로운 친구들을 사귀게 될 것이고 아이들과 눈을 맞추며 즐겁게 새 학년을 시작할 것이다. '행복한 나그네 매표소'는 늘 새로운 아이들과 함께, 새로운 나그네들과 함께 새록새록 젊어져만 갈 것이다.

그리고 사랑을 먹는 만큼 점점 살이 오를 것이다. 가장 우람하고 힘찬 상록수처럼……

에필로그

부끄러움을 세상에 내놓습니다.

대단할 것 없는 인생이지만

한 번도 쉬이 여기지 않은 진정이었습니다.

그래서 부끄러움을 무릅썼습니다.

이런 이야기가 마음에 드실지 모르겠지만 언제나 그렇듯이 혹여

제 이야기로 힘을 얻는 사람이 있으면 하는 바람입니다.

길게 살아온 것은 아니지만 살면서 사람이

얼마만큼 사랑을 지니고 있나 고민하고 살아왔습니다.

세상을 깨고 부딪쳐도 보았습니다.

그래도 고민은 풀어지지 않고 미약한 신념과 의지로는

어느 것 하나 변하지 않았습니다.

그러다 거기에 나의 나약함과 안일이

너무 깊이 몸에 배어 있음을 알았습니다.

사랑, 의지, 신념. 그러나 세상을 바꿔놓고 사람을 세워내는 것은

그보다는 '실천'에 있다는 걸 깨달았습니다.

굳이 말로 하지 않더라도

내심 깊은 곳에서 솟아나는 진심으로 가능하다는 것,

사랑도 의지도 신념도 '진심어린 실천'이 아니고서는

아무것도 아니라는 걸 30년 넘게 살면서야 깨달았지요.

제가 이리 소박한 이야기를

세상에 내어놓는 것도 그 때문이랍니다.

지금까지 살아온 나를 다시 돌아보고

앞으로 갈 나를 다시 세워보는 것. 그것의 실천입니다.

이 소박한 것들을 이정표 삼아

스스로 길을 잃지 않으려 한 까닭입니다.

저는 아직도 꿈이 많습니다.

살다가 못 다 이룰 꿈일지라도

날마다 새로운 꿈을 키우며 살고 싶습니다.

그 꿈을 다 이루고자 하지 않습니다.

그저 처음 잡은 꿈부터 하나하나, 한 걸음씩이면 어떻습니까.

그렇게 한 걸음씩 걸어가다 보면

하루를 걷고 1년을 걷고 10년을 걷게 되겠지요.

사랑하는 곁의 사람들과 그렇게

10년을 하루같이 걸어가고 싶습니다.

그 걷는 길에 아름다움이, 슬픔이, 보람이, 회한이,

고통이, 환희가 함께 하게 되겠지요.

그런 것들을 혼자 가져가진 않겠습니다.

하루 한 뼘이라도 혹은 두 발짝, 곁의 사람과 같이 걷는 만큼씩

그것들을 같이 나눠 가지겠습니다.

그래서 10년, 20년, 30년 후에

그들과 여전히 함께 걷고 있을 겁니다.

춥고 시린 겨울 앞입니다.

그러나 겨울은 봄을 기다리는 계절이지요.

땅 속에 굳건히 발을 묻어두고

가슴에 새눈을 키워가는 아름다운 계절,

이 고결한 시절을 기꺼운 마음으로 견디렵니다.

행복한 나그네 매표소 앞 커다란 나무에게

이 계절 깊이 배워가며 새봄을 기다리겠습니다.

행복한 나그네 매표소에서
행복한 나그네가